KB123871

최이진의
VST 드럼

최이진 지음

노하우
도서출판

최이진의
VST Drums(핑거드럼)

초판 발행 2019년 1월 16일

지은이 최이진

펴낸곳 도서출판 노하우
기획 현음뮤직
진행 노하우
편집 덕디자인

주소 서울시 관악구 행운동 100-339
전화 02)888-0991
팩스 02)871-0995

등록번호 제320-2008-6호
홈페이지 hyuneum.com

ISBN 978-89-94404-41-7
값 27,000원

목차　*VST&Finger Drums*

Part 01　Finger Drum

시범 연주 영상 보기

PART 01의 핑거 드럼 학습은 유튜브에서 자신이 좋아하는 곡을 재생시켜 놓고, 함께 연주를 해봐야 단 한가지 리듬이라도 자기 것이 됩니다.

다음의 유튜브 채널 QR 코드를 스마트폰으로 캡처하면 시범 연주 영상을 볼 수 있습니다. 컴퓨터에서는 유튜브 채널이나 홈페이지를 방문합니다.

▲ 유튜브 채널

▲ 홈 페이지

유튜브 채널 : youtube.com/c/hyuneum

홈페이지 : hyuneum.com

요즘 스마트폰은 QR 코드를 읽을 수 있는 어플이 기본적으로 제공되고 있습니다. 없는 경우라면 스토어에서 QR 코드 어플을 검색하여 설치합니다. 어플을 실행하고 사각형 테두리 안에 QR 코드가 보이도록 위치시키면, 자동으로 Finger Drums 재생 목록이 열리며, 곡 제목을 선택하면 시범 연주 영상이 재생됩니다.

QR 코드에 연결되어 있는 시범 연주 곡은 전세계 드럼 교육 기관에서 추천하는 연습곡들과 국내 학생들이 많이 연습하는 곡들로 구성하였으며, 서적 출간 후에도 계속 추가될 예정입니다.

Part 02 fxpansion BFD

※ 믹싱 실습은 VST Drums의 그루브를 오디오로 익스포팅하여 진행합니다.

Part 01

Finger Drum

01 컨트롤러의 선택

음원을 제작할 때 밴드 음악을 하는 경우가 아니라면 리얼 드럼 연주를 녹음하는 일은 매우 드뭅니다. 리얼 드럼 연주를 녹음하기 위해서는 실력 있는 연주자를 섭외해야 하고, 드럼 녹음이 가능한 스튜디오를 빌려야 하기 때문에 1인 레이블을 꿈꾸는 이들에게는 엄청나게 부담되는 작업입니다. 설사 어떻게 해결을 했다고 해도 가장 어렵다는 드럼 믹싱 작업이 또 하나의 장벽으로 남아 있습니다. 하지만, 완벽한 사운드로 샘플링되어 있는 VST Drums을 이용하면 이 모든 것들이 간단하게 해결됩니다.

결국 VST Drums을 이용하는 것은 당연한 추세입니다. 하지만, 한 가지 문제점이 있습니다. 그것은 바로 리얼 드럼 연주에서 느낄 수 있는 그루브를 느끼기 어렵다는 것입니다. 그래서 대부분의 컴퓨터 뮤지션들은 VST Drums에서 제공하는 패턴이나 샘플을 이용하기 보다는 자신이 직접 건반을 연주해서 녹음하곤 합니다. 하지만, 이 방법도 값비싼 건반이 쉽게 고장날 수 있다는 것과 빠른 연타가 어렵다는 문제점을 안고 있습니다.

그루브를 살리면서 VST Drums을 활용하는 가장 효과적인 방법은 미디 드럼이나 패드 타입의 컨트롤러를 이용하는 것뿐입니다. 여기서 미디 드럼은 설치 공간이나 가격적인 부담도 있고, 리얼 드럼을 연주할 때와 똑같은 테크닉이 필요하다는 조건이 필요합니다. 결과적으로 가장 효율적인 것은 패드 컨트롤러 뿐입니다. 손가락으로 드럼을 연주한다고 해서 핑거 드럼 이라고도 하며, DJ를 중심으로 시작된 핑거 드럼은 1인 레이블을 꿈꾸는 컴퓨터 뮤지션들이 필수적으로 익혀야 하는 악기가 되었습니다.

▲ Roland사의 미디 드럼(roland.com)

패드 컨트롤러는 건반과 마찬가지로 자체적으로 음원을 가지고 있는 것과 단순히 VST Drums 연주를 위한 것으로 구분됩니다. 음원을 가지고 있는 건반은 신디사이저라고 하고, 큐베이스나 로직과 같은 시퀀싱 프로그램에 노트를 입력하기 위해 사용되는 제품은 마스터 건반이라고 구분하듯이 드럼 패드도 음원을 가지고 있는 것은 드럼 샘플러, VST 음원을 사용하는 것은 드럼 패드 컨트롤러라고 합니다. 요즘에는 패드 컨트롤러가 필수 아이템이 되어서 마스터 건반에 포함되어 있는 경우도 있습니다.

드럼 샘플러

컴퓨터 연결없이 독립적으로 사용할 수 있도록 음원이 내장되어 있으며, 확장이 가능한 제품입니다. 사실 드럼 샘플러는 Akai사에서 처음 선을 보였고, 거의 독보적인 시장을 형성하고 있었기 때문에 드럼 샘플러 보다는 제품 이름인 MPC로 불리던 때가 있었습니다. 최근에는 여러 회사에서 비슷한 제품들을 출시하고 있고, 특히, 디제잉 시스템으로 유명한 Pioneer사의 제품은 DJ들 사이에서 관심을 받기도 했지만, 아직까지는 Akai사의 MPC가 독주를 하고 있는 추세입니다.

현재 Akai사의 MPC는 X와 Live의 두 가지 제품이 출시되어 있으며, 단독 사용은 물론이고 전용 소프트웨어와 미디 컨트롤까지 가능한 올 인원 시스템입니다. 그러나 가격이 워낙 비싸기 때문에 라이브 연주가 필요한 경우가 아니라면 권하기 어려운 제품이기도 합니다.

▲ Akaipro MPC X

▲ Pioneer DJ Toraiz SP-16

13

드럼 머신

본서의 학습 내용과는 거리가 있지만, 비슷한 계열의 제품이므로 간단하게 언급하겠습니다. 제품에 따라 드럼 편집이나 미디 컨트롤이 가능한 것들도 있지만, 주요 사용 목적은 드럼 리듬을 플레이 하는 장치로 리듬 머신이라고도 부릅니다. Rock, Jazz, Hip Hop 등, 원하는 리듬을 선택하고 플레이 버튼만 누르면 드럼이 연주되는 장치이며, 어쿠스틱 악기를 공부하는 학생들에게 매우 유용한 제품입니다. 요즘에는 무료로 사용할 수 있는 어플이 많아서 굳이 이를 찾는 학생이 드물지만, 메트로놈 가격대의 저가 제품도 많으므로, 팝 악기를 공부하는 학생이라면 하나쯤 갖추는 것도 좋습니다.

▲ Roland TR-08 Rhythm Composer

▲ Korg Analog Drum Machine

전용 컨트롤러

전용 소프트웨어를 컨트롤하는 제품이지만, 사용자 설정으로 VST Drums을 맵핑시켜 사용할 수 있습니다. 음원은 소프트웨어로 제공되기 때문에 당연히 컴퓨터가 연결되어 있어야 하지만, 현재 살펴보고 있는 장치들 중에서 가장 많은 사용자를 확보하고 있고, 앞으로 더욱 확대될 것으로 보이는 제품입니다.

본서에서 권장하는 것은 가격이 가장 저렴한 드럼 패드 컨트롤러이지만, 이미 전용 컨트롤러를 가지고 있는 사용자라면 추가로 구매할 필요가 없습니다.

전용 컨트롤러에서 가장 유명한 제품은 Native-Instruments사의 Maschine 입니다. 이 분야의 독보적인 위치를 차지하고 있던 Akai사도 이를 겨냥한 MPC Touch와 Studio 제품을 출시하였으며, 오래전부터 MPC 라인을 사용하던 유저들에게 큰 사랑을 받고 있습니다.

▲ Native-Instruments Maschine

▲ Akaipro MPC Touch

라이브 컨트롤러

Hip-Hop, EDM 등의 루프 음악 제작자들에게 가장 많은 사랑을 받고 있는 Ableton Live 전용 컨트롤러를 말합니다. 당연히 Ableton Live 제작사에서 출시한 Puch라는 제품을 선호하지만, 상대적으로 저렴한 Novation사의 Launchpad 사용자도 많으며, Akai사의 APC40이라는 제품도 있습니다.
보통 Ableton Live를 음악 제작 목적으로 사용하는 뮤지션은 조금 부담이 되더라도 Puch를 선택하고, 연주를 목적으로 하는 DJ들은 라이브러리를 쉽게 구할 수 있는 Lauchpad나 APC40을 선택합니다.

이미 Push나 Launchpad를 사용하고 있다면, 패드가 조금 작아서 아쉬운 면은 있지만, 두 제품 모두 드럼 모드를 지원하고 사용자 맵핑이 가능하기 때문에 굳이 드럼 패드 컨트롤러를 추가로 구입할 필요는 없습니다. 본서에서 살펴보는 5가지 VST Drums은 Ableton Live에서도 사용이 가능합니다.

▲ AbletonLive Push 2

▲ Novation Launchpad Pro

드럼 패드 컨트롤러

패드 컨트롤러 입문자에게 권장하는 제품입니다. 건반 악기와 비교하면 미디 노트 입력을 위한 마스터 건반과 같은 역할입니다. 지금 살펴보고 있는 컨트롤러 중에서 가장 저렴한 가격대를 형성하고 있으며, 대부분의 제품이 핑거 드럼 연주에 문제 없는 내구성을 갖추고 있습니다. 특히, 자체적으로 프리셋을 편집하거나 저장할 수 있고, 패드 연주 외에 간단한 미디 컨트롤이 가능하며, Cubase, Logic, Ableton Live 등의 호스트 프로그램에 상관없이 사용할 수 있다는 것도 큰 장점입니다.

드럼 패드 컨트롤러 역시 Akai사의 MPD 시리즈가 독점을 하고 있는 추세이지만, Korg사의 PadKontrol를 비롯해 마스터 건반으로 유명한 M-Audio사의 Trigger Finger Pro나 PreSonus사의 ATOM 등, 다양한 제품들이 출시되어 있습니다.

▲ Akaipro MPD218

▲ Korg padKontrol

▲ M-Audio Trigger Finger Pro

▲ PreSonus Atom

그 밖의 컨트롤러

드럼 샘플러, 전용 컨트롤러, 라이브 컨트롤러, 패드 컨트롤러 외에도 다양한 패드 제품들이 있습니다. 가장 대표적인 것이 마스터 건반에 포함되어 있는 경우입니다. 최근에 출시되는 마스터 건반들은 패드를 갖추고 있는 것들이 있어서 컴퓨터 음악을 공부하기 위해 이제 막 장비를 갖추는 경우라면 좀 더 저렴하게 시스템을 갖출 수 있습니다. 다만, 내구성을 보장할 수 없기 때문에 핑거 드럼 연습을 정말 열심히 하겠다면, 가능한 각각 구매하길 권장합니다.

그 외, 미디 드럼으로 유명한 Roland사나 Alesis사에서는 리얼감을 느낄 수 있게 드럼 스틱으로 연주할 수 있는 스틱 드럼이나 아이폰이나 아이패드에 연결하여 사용할 수 있는 IK Multimedia사의 iRig Pads 또는 어플로 제작된 Akai사의 iMPC 시리즈도 있습니다.

▲ Alesis Performance Pad Pro

▲ Akaipro iMPC

▲ M-Audio Code 61

▲ IK Multimedia iRig Pads

지금까지 살펴본 제품들 중에서 한 가지라도 가지고 있는 것이 있다면, 해당 제품을 가지고 핑거 드럼 연습을 진행하고, 새로 구매하는 경우라면 드럼 패드 컨트롤러를 권장합니다. 단, 본서를 읽고 있을 때는 제품 라인에 변동이 있을 수 있으므로, 충분히 검색해보고 결정합니다.

02 킥 드럼

베이스 드럼, 대고, 큰북 등, 다양한 이름으로 불리는 킥(Kick)은 드럼 구성 악기 중에서 가장 크고, 가장 낮은 소리를 냅니다.

킥 드럼

킥 드럼 페달

비터(Beater)

리얼 드럼에서 킥 드럼은 페달을 발로 밟아서 비터(Beater)라고 불리는 헤드로 북을 때려서 연주합니다. 드럼 악보에서 발로 연주하는 악기는 음표의 기를 아래쪽으로 표시하며, Kick은 오선의 첫 번째 칸(F)에 기보합니다.

Kick

패드는 가로를 1, 2, 3, 4로 칭하고, 세로를 A, B, C, D로 칭하겠습니다.

드럼의 구성 악기를 어떤 패드에 맵핑할 것인지는 사용자 취향 문제이고, 연습을 하는 과정에서 자신만의 킷이 완성되겠지만, 대부분 Kick 드럼은 D2 패드에 맵핑됩니다. 맵핑을 변경하는 방법은 VST 마다 다르므로, 뒤에서 설명하는 VST의 학습 편을 참조합니다.

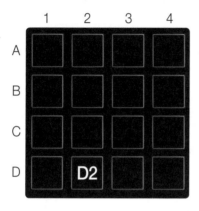

손은 피아노에서와 마찬가지로 왼손은 L, 오른손은 R로 표기하며, 손가락 번호는 엄지에서 새끼 순서로 1, 2, 3, 4, 5번 입니다.

D2 패드의 킥 드럼은 L2 손가락으로 연주하는 것을 기본으로 하지만, 열 손가락 모두 연습을 해두는 것이 좋습니다.

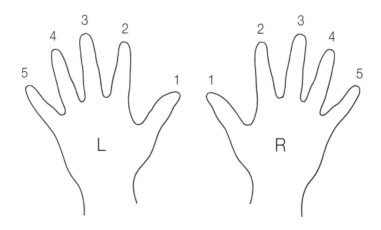

연습은 큐베이스나 로직 등, 사용하고 있는 호스트 프로그램의 메트로놈을 On으로 해놓고, 느린 템포에서부터 조금씩 빠른 템포로 조정해가면서 진행을 하고, 어느 정도 익숙해지면 유투브에서 자신이 좋아하는 노래를 재생시켜 놓고, 함께 연주해 볼 것을 권장합니다.

● *Exercise 1*
D2 패드를 L2 손가락으로 연주합니다. 2, 3, 4 마디의 ˙/. 표기는 앞의 마디와 똑같이 연주하라는 반복 기호입니다.

※ 한 마디를 4개로 쪼개서 연주하는 4비트 연습입니다. 메트로놈의 딱, 딱, 딱, 딱... 소리에 맞추면 되지만, 가급적 하나, 두울, 세엣, 네엣으로 숫자를 세어가면서 연습하는 것이 좋습니다.

● *Exercise 2*
한 마디에 4번을 연주하는 4비트와 8번을 연주하는 8비트를 반복합니다. 비트가 바뀔 때 템포가 어긋나지 않도록 주의합니다. 3, 4 마디의 ˙//. 표기는 앞의 두 마디와 똑같이 연주하라는 반복 기호입니다.

※ 템포 120-140으로도 흔들림 없는 연주가 가능해지면, 유투브에서 댄스 곡을 재생시켜 놓고, 연습합니다. EDM 음악의 대부분은 Kick이 4비트로 연주됩니다.

03 스네어 드럼

스네어 드럼은 기본적으로 L2 또는 L3 손가락으로 연주를 하지만, R2와 R3로 연주하는 경우도 많으므로, 양손 모두 연습을 해야 하며, 가급적 열 손가락 모두 연습하는 것이 좋습니다.

Snare Drum

리얼 드럼의 경우에는 양손에 나무 스틱(Stick)을 들고 왼손은 스네어 드럼, 오른손은 하이햇를 연주하는 것이 기본이지만, 양손으로 스네어나 하이햇를 연주하는 경우도 있습니다. 핑거 드럼도 기본적으로는 L2 또는 L3로 연주를 하지만, 양손 모두 연습을 해두기 바랍니다. 악보는 오선의 셋째 칸(C)에 기보하는 것이 일반적입니다.

Snare

스네어 드럼 역시 사용자마다 달라질 수 있겠지만, 우선은 C2 패드에 맵핑 시켜놓고 연습합니다. D2의 Kick 드럼을 L2로 연주를 하고 있기 때문에 L3 손가락으로 연주하는 것이 기본이지만, R2나 R3로 연주할 경우도 있으므로, 모두 연습하길 권장합니다.

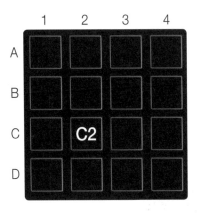

● *Exercise 3*

L2, L3, R2, R3 각각의 손가락으로 연습을 합니다.

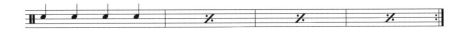

● *Exercise 4*

한 마디를 8개로 쪼개서 연주하는 8비트 입니다. L2, L3, R2, R3 각각의 손가락으로 연습을 합니다. 가능하면 1-5 손가락 모두 연습해두길 권장합니다.

● *Exercise 5*

한 마디에 4번을 연주하는 4비트와 8번을 연주하는 8비트를 반복하는 연습입니다. Kick에서와 마찬가지로 비트가 바뀔 때 템포가 어긋나지 않도록 주의합니다. L2, L3, R2, R3로 각각 연습하고, 악보에 표기된 것과 같이 번갈아 가면서도 연습을 합니다.

● *Exercise 6*

스네어는 리듬의 액센트를 연주하는 것이 일반적이며, 팝의 경우에는 두 번째 박자와 네 번째 박자에 액센트가 옵니다. 즉, 하나에서 쉬고, 두울에서 연주, 세엣에서 쉬고, 네 엣에서 연주입니다. L2와 L3 손가락으로 연습합니다.

● *Exercise 7*

킥과 스네어를 함께 연주하는 연습입니다. 하나와 세엣에서 L2로 킥을 연주하고, 두 울과 네엣에서 L2 또는 L3로 스네어를 연주합니다. 오른손도 R2와 R3로 연습합니다.

※ 손가락을 바꿔가면서 같은 패턴을 연습하는 것은 지루할 수 있지만, 핑거 드럼에서 제일 중요한 사항입니다. 이후의 연습들은 일일이 거론하지 않더라도 손가락을 바꿔 가면서 연습하기 바랍니다.

04 하이햇(8비트 리듬)

리듬은 킥, 스네어, 하이햇의 조합으로 완성하며, 비트는 박자를 의미합니다. 하지만, 한 마디를 몇 개로 나누는지에 따라 비트를 구분하는 경우가 일반적이기 때문에 본서에서도 이를 따르겠습니다. 리듬을 나누는 것은 하이햇이며, 연주되는 수로 비트를 구분합니다. 한 마디에 8번 연주하면 8비트, 16번 연주하면 16비트 곡이 되는 것입니다.

심벌 계열의 악보는 음표 머리를 x로 표시하며, 손으로 연주하는 것이므로, 기는 위쪽을 향합니다. 하이햇은 G음 자리에 표기하는 것이 일반적입니다.

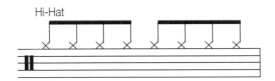

하이햇 역시 사용자마다 달라질 수 있겠지만, 우선은 D3 패드에 맵핑 시켜놓고 연습합니다. 기본 핑거링은 R2 손가락이지만, 모든 손가락으로 연습을 해두고, 왼손도 모두 연습을 하는 것이 좋습니다.

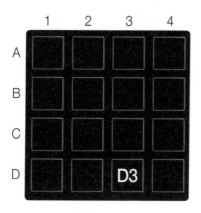

● Exercise 8

R2로 충분히 연습을 하고, 8비트에서 R3와 R4 손가락으로도 연습을 합니다. L2, L3, L4 까지 연습하는 것이 잊지말기 바랍니다.

● Exercise 9

킥 드럼과 함께하는 연습입니다. 킥은 L2로, 하이햇은 R2로 연주합니다.

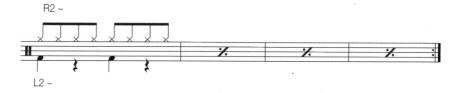

- *Exercise 10 (8beat_패턴 1)*

본격적으로 킥과 스네어, 하이햇을 함께 연주하는 연습입니다. 킥과 스네어는 모두 왼손으로 연주합니다. 킥은 L2이고, 스네어는 L2 또는 L3입니다. 그리고 하이햇은 R2로 연주합니다. 발라드에서 록 음악까지 커버 가능한 8비트 기본형입니다. 나머지 패턴은 Kick의 리듬만 달라지고 있습니다.

L2와 L3 두 손가락 모두 연습

8비트 리듬에서 자주 사용하는 연주 패턴을 정리합니다. 지금 당장 모든 패턴을 연습하라는 의미는 아닙니다. 유튜브에서 자신이 좋아하는 음악을 틀어놓고, 기본형으로 연습하다 보면 조금 다른 부분이 있을 것입니다. 이때 가장 근접한 패턴을 선택하여 연습하는 방법으로 마스터해가면 됩니다.

실제로는 한 곡에 2-3개의 패턴이 연주되는 것이 일반적이며, 2개의 패턴을 연결해서 2마디 리듬으로 연주되는 경우도 많습니다.

- *Exercise 11 (8beat_패턴 2)*

- *Exercise 12 (8beat_패턴 3) - 머니(Monet) 비트라고도 한다.*

- *Exercise 13 (8beat_패턴 4)*

● *Exercise 14 (8beat_패턴 5)*

● *Exercise 15 (8beat_패턴 6)*

● *Exercise 16 (8beat_패턴 7)*

● *Exercise 17 (8beat_패턴 8)*

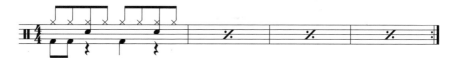

● *Exercise 18 (8beat_패턴 9)*

● *Exercise 19 (8beat_패턴 10)*

05 크래쉬 심벌

Intro, Verse, Chorus 등, 곡의 센텐스가 시작되는 위치나 섹션을 강조하기 위한 액센트 위치에서 크래쉬 심벌(Crash Cymbal)을 연주합니다. 연습 단계에서는 하나로 시작을 하겠지만, 대부분의 연주자들은 양쪽 사이드로 두 개 이상을 준비하는 경우가 많기 때문에 사이드 심벌이라고도 합니다.

Crash Symbal

드럼 악보는 표준화되어 있지 않기 때문에 표기법이 다양합니다. 심한 경우에는 리듬만 표시하거나 마디 수만 지정해 놓은 경우도 있습니다. 특히, 심벌 계열이 심한데, 국내 서적에서는 심벌의 X 표기에 사운드의 지속을 의미하는 온 음표(O)를 그린 표기법을 많이 사용합니다. 현장에서는 거의 사용하지 않는 표기이지만, 입문자의 혼동을 피하기 위해 본서에서도 이를 채택하겠습니다.

Crash Symbal

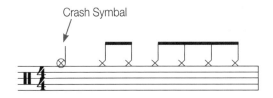

자주 사용하는 크래쉬 심벌 표기법을 몇 가지 더 살펴보겠습니다. 현장에서는 하이햇과 동일한 위치에 액센트로 구분하는 방법을 사용하기도 합니다.

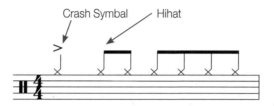

해외에서는 덧줄에 표기하는 방법을 표준으로 사용합니다. 하지만, 국내에서는 라이드 심벌(Ride Symbal) 표기로 사용하는 경우가 많기 때문에 주의 해야 합니다. 가장 혼동이 많은 표기이지만, 크래쉬 심벌로 리듬을 연주하는 경우는 거의 없으므로, 쉽게 구분할 수 있습니다.

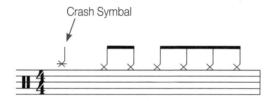

간혹, 라이드 심벌과의 혼동을 피하기 위해서 덧 줄 위로 표기하는 방법을 사용하는 경우도 있습니다.

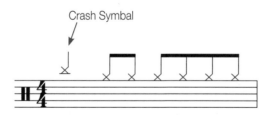

크래쉬 심벌은 A4 패드에 맵핑 시켜놓고 연습합니다. 기본 핑거링은 R3 손가락이지만, R2, R4, R5로도 연습을 해둡니다. 아래쪽의 C와 D 행의 패드는 엄지 손가락을 사용하지만, 위쪽의 A와 B 행은 엄지를 사용하는 일이 거의 없으므로, R1 손가락까지는 연습할 필요 없습니다.

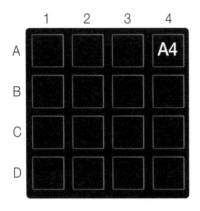

● *Exercise 20*

팝 음악의 대부분은 8마디 단위로 센텐스가 바뀌며, 그 시작을 크래쉬 심벌로 연주합니다. 전체 음악을 이끌어가는 드럼에서 새로운 센텐스가 시작된다는 것을 알려주는 것입니다. 반드시 마디 수를 세면서 연습합니다. 숫자를 세지 않아도 어느 마디를 연주하고 있는지 몸이 알 때까지는 수 년이 걸릴 수도 있습니다.

만일, 1주일 정도 해보고 충분하다는 생각이 든다면, 진짜 천재이거나 스스로 천재라고 착각하는 경우일 것입니다. 왜 그런지 모르겠지만, 스스로 천재라고 생각하며 대충하는 학생들이 너무 많습니다. 사실 연습이 싫다면 재능이 없는 것입니다.

06 라이드 심벌

샤비, 라는 용어로 많이 사용하는 코러스 파트에서 하이햇 대신에 연주하여 분위기를 바꾸는 역할로 많이 사용합니다. 보통은 가장자리(Edge) 부분을 연주하지만, 곡의 분위기와 장르에 따라 가운데(Cup) 부분을 연주하는 경우도 있습니다. 일단, Edge 샘플만 로딩해서 연주하고, 필요한 경우에 다른 패드에 Cup 샘플을 로딩하거나 뱅크(Bank)를 하나 더 만듭니다.

악보는 하이햇과 동일하게 표기를 하고, 연주자에게 맡겨지는 것이 일반적이지만, 국내 교재의 경우에는 크래쉬 심벌에서 얘기했듯이 덧줄에 표기하는 방법을 많이 사용합니다. 현장에서는 거의 사용하지 않는 표기이지만, 입문자의 혼동을 피하기 위해 본서에서도 이를 채택하겠습니다.

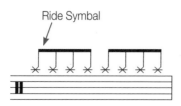

자주 사용하는 라이드 심벌 표기법을 몇 가지 더 살펴보겠습니다. 해외에서는 라이드 심벌을 다섯 번째 줄에 표기하는 방법을 표준으로 사용합니다.

현장에서는 하이햇과 동일하게 표기를 하고, 연주자에게 맡겨지는 것이 일반적이며, 편곡자가 꼭 라이드로 연주하길 바라는 경우에는 Ride 라는 문자를 표기하기도 합니다. 연주자에 상관없이 혼동을 피할 수 있는 가장 좋은 방법입니다.
참고로 라이드 심벌을 탑 심벌이라고도 하며, T.C, 또는 T.Cym으로 표기하기도 하고, 크래쉬 심벌을 C.C 또는 C.Cym로 표기하는 경우도 있습니다.

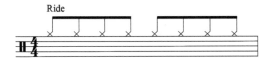

라이드 심벌은 중앙을 연주하는 벨 주법이 있습니다. 이것 역시 현장에서는 연주자에게 맡기고, 특별히 표기하는 경우는 없지만, 교재의 경우에는 Bell 문자를 표기하거나 다이아 모양으로 표기하기도 합니다.

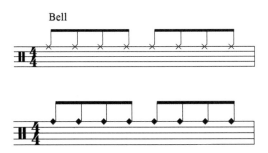

패드 연주에 익숙해지면 간단한 리듬은 한 손으로 연주를 하게 됩니다. 그래서 라이드 심벌을 C3 패드에 맵핑하기도 하지만, 보통은 A 라인에 심벌을 배치하기 때문에 일단은 A3 패드에 맵핑을 시켜놓고 R2로 연습합니다.

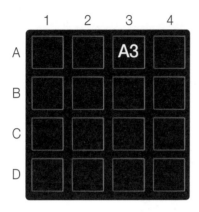

● *Exercise 21*

라이드 심벌은 코러스 파트에서 하이햇 패턴을 그대로 연주하여 분위기를 바꾸는 역할로 많이 사용합니다. 물론, 처음부터 라이드 심벌로 연주하는 경우도 있고, 곡 전체에서 한 번도 연주되지 않는 경우도 있으므로, 고정 관념을 가질 필요는 없습니다.

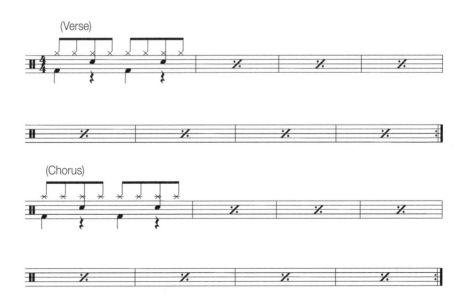

07 탐탐(필인 연주)

센텐스가 시작될 때 크래쉬 심벌을 연주하듯이 8마디 센텐스가 끝날 때 필인(Fill-in)을 연주합니다. 연주자의 느낌대로 연주한다고 해서 필인이라고 하며, 주요 악기가 탐탐입니다. 탐탐의 기본 구성은 High, Mid, Low의 3개이며, 로우 탐은 바닥에 설치되기 때문에 플로어(Floor) 탐이라고도 합니다.

탐탐은 연주자에 따라 4개 혹은 6개까지 구성되는 경우가 많아서 하이햇, 스네어, 킥이 기보 되는 위치를 피하여 높낮이만 구분할 수 있게 표기하는 것이 일반적입니다. 실제로는 아예 연주자에게 맡기고 표기를 하지 않거나 꼭 필요한 경우에만 Fil-in이라는 문자를 써넣는 것이 관례입니다.

탐탐의 기본 구성은 High, Mid, Low의 3개이므로, 각각 B2, B3, B4에 맵핑합니다. 음악 장르에 따라 필요한 경우에는 B1을 포함하여 HIgh, MidHi, MidLow, Low의 4개로 맵핑할 수 있습니다. 필인이 끝나면 클래쉬를 연주하는 경우가 일반적이기 때문에 가까운 B 라인에 탐탐을 맵핑하는 것입니다.

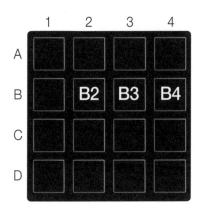

B2 : High Tom
B3 : Mid Tom
B4 : Low Tom

● *Exercise 22*

8비트를 기준으로 1번 라인은 L3, 2번 라인은 L2, 3번 라인은 R2, 4번 라인은 R3로 연주하는 것이 기본이지만, 필인은 16비트로 연주하는 경우가 대부분이므로, 8비트 필인은 모두 L2로 연주합니다. 물론, 왼손잡이라면 R2로 연주해도 좋고, 기본 패턴에 따라 L2, L2, R2, R3로 연주하는 방법도 함께 연습합니다.

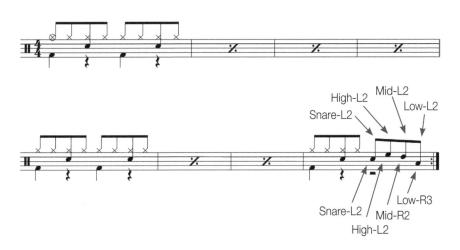

● 1박자 필인

필인은 2박자 또는 4박자 길이로 연주하는 것이 가장 흔하지만, 1박자나 3박자로 연주하는 경우도 있습니다. 그러나 모든 길이의 필인은 1박자 리듬의 조합이므로, 1박자 필인을 확실하게 이해할 필요가 있습니다.

필인은 16비트 패턴이 기본이며, 16비트 각각을 한 번씩 연주하면 다음과 같이 4가지 리듬이 만들어집니다.

16비트를 나누어 연주하면 다음과 같은 4가지 리듬이 만들어집니다.

위 두 가지를 조합하면 다음과 같이 8개의 리듬이 만들어집니다.

총 16가지 패턴 중에 가장 기본이 되는 리듬은 다음 4가지 입니다.

리듬이 결정되면 어떤 악기로 연주할 것인지를 결정합니다. 필인은 킥, 스네어, 심벌 등, 드럼의 모든 구성 악기가 조합되어 만들어지지만, 중심은 탐탐입니다. 기본 리듬 4가지 패턴을 탐탐 중심으로 연주하면 다음과 같은 패턴을 만들 수 있습니다. 이해를 위한 것이므로 연습은 필요 없습니다.

● 2박자 필인

한 박자 필인 패턴을 두 번 조합하면 2박자 필인이 되며, 다음과 같은 연주가 가능합니다.

● *3박자 필인*

한 박자 필인 패턴을 세 번 조합하면 3박자 필인이 되며, 다음과 같은 연주가 가능합
니다.

● *4박자 필인*

한 박자 필인 패턴을 네 번 조합하면 4박자 필인이 되며, 다음과 같은 연주가 가능합
니다.

필인을 익히는 요령

한 박자를 16비트 나누었을 때 형성되는 리듬이 16가지이고, 이를 악기 별로 구성하면 헤아릴 수 없을 만큼 많은 수의 패턴이 만들어집니다. 또 4박자 길이로 조합하고, 리듬까지 바꾸면 연주 가능한 필인은 거의 무한대에 가깝습니다. 하지만, 실제로 연주되는 패턴은 그리 많지 않습니다. 다만, 음악 장르별로 나열하면 이것도 만만치 않고, 나열된 패턴을 연습하는 것만큼 지루한 학습은 없기 때문에 본서에서는 〈자주 사용하는 필인〉과 같은 제목으로 소개하지 않겠습니다.

필인을 익히는 가장 좋은 방법은 리듬을 연습할 때와 마찬가지로 실제 곡에서 연주되고 있는 패턴을 하나씩 익히는 것입니다. 요즘에는 보기 드문 형식이지만, 32마디 기본 형식의 곡이라면 최소 4번 이상의 필인이 연주됩니다. 여기서 만만해 보이는 하나의 패턴을 선택해서 연습하고 전체 곡에 적용해보는 것입니다. 같은 과정을 반복하면 4개의 패턴을 모두 익힐 수 있고, 곡을 바꿔가면서 축적하는 것이 필인을 익히는 가장 좋은 연습 방법입니다.

본서의 QR 코드에 연결되어 있는 시범 연주 곡들은 세계 교육 기관에서 입문자들에게 공통적으로 추천하는 베스트 드럼 연습 곡들과 국내 학생들이 많이 연습하는 곡들로 구성하였습니다. 영상으로 제공되는 악보의 필인 부분을 먼저 연습하고, 익숙해진 후에 전체 곡을 연주해 보기 바랍니다. 서적이 출간된 후에도 연습하고 싶은 곡이 있다면 hyuneum.com의 질문과 답변 또는 유튜브 채널의 댓글로 요청합니다. 가능한 업로드 하겠습니다.

▲ youtube.com/c/hyuneum

08 스티킹과 스트로크

스틱으로 드럼을 치는 동작을 스트로크(Stroke)라고 하며, 어떤 손을 먼저 스트로크 하는지에 따라 왼손 또는 오른손 스티킹으로 구분합니다. 리얼 드럼의 경우에는 오른손 먼저 스트로크하는 라이트 스티킹(Right Sticking)을 기준으로 하지만, 패드의 경우에는 왼손을 먼저 스트로크하는 레프트 스티킹(Left Sticking)이 기준입니다. 그 외, 얼터네이트(Alternate) 스티킹, 더블(Double) 스트로크, 파라디들(Paradiddle) 스트로크가 있습니다.

● 라이트 스티킹
오른손을 먼저 스트로크 하는 리얼 드럼의 기준입니다. 8비트를 기준으로 16비트에서 왼손이 추가되는 형태로 연주합니다.

8비트 필인을 오른손 스티킹으로 연주하면 다음과 같습니다.

16비트 필인을 오른손 스티킹으로 연주하면 다음과 같습니다.

● 레프트 스티킹

왼손을 먼저 스트로크 합니다. 패드 연주의 기준이 되는 연주입니다.

왼손 스티킹을 8비트 필인에 응용하면 다음과 같습니다.

16비트 필인에 응용하면 다음과 같습니다.

● 얼터네이트 스티킹

비트에 상관없이 양손을 번갈아 스트로크 하는 연주 입니다.

얼터네이트 스티킹을 8비트 필인에 응용하면 다음과 같습니다.

16비트 필인에 응용하면 다음과 같습니다.

● 더블 스트로크

패드에서는 A 라인은 L3, B 라인은 L2, C 라인은 R1, D 라인은 R2가 기준이며, 다음
과 같은 연주도 가능합니다. 이렇게 양손이 두 번씩 반복되는 스트로크를 더블 스트로
크라고 합니다. 앞에서 살펴본 스티킹은 양 손이 번갈아 가면서 한 번씩 연주되기 때문
에 싱글 스트로크라고 부릅니다.

● 파라디들 스트로크

싱글과 더블 주법이 섞여있는 스트로크 입니다. 실제로 가장 많이 연주되는 스트로크
이므로, 비트별로 템포를 높여가면서 연습하기 바랍니다.

(한 박자마다 싱글과 더블 반복 연습)

(두 박자마다 더블 연습)

(한 마디 마다 더블 연습)

(두 마디 마다 더블 연습) - 16비트 응용

위의 네 가지 더블 스트로크 연습을 킥과 스네어 또는 스네어와 탐탐 등으로 응용해
서 연습합니다. 예를 들면 다음과 같습니다.

09 16 비트 리듬

8비트 리듬은 하이햇을 한 마디에 8번 연주한다고 했습니다. 16비트 리듬은 16번을 연주하면 됩니다. Kick의 변화는 8비트에서 살펴본 패턴을 모두 적용할 수 있습니다.

참고로 비트는 하이햇만으로 구분하는 것은 아닙니다. 실제로는 하이햇, 스네어, 킥의 조합이 한 마디를 몇 개의 비트로 나누고 있는지에 따라 결정합니다. 다만, 필인과 같이 곡의 일부분을 16비트로 연주한다고 해서 곡 전체를 16비트로 보지는 않습니다.

스네어로 16비트가 연주되는 경우로 하이햇과 스네어를 엇갈려 연주한다고 해서 쉐이크(Shake) 리듬이라고도 한다.

단 한 번이지만, 16비트 리듬이다.

16 비트는 양손을 번갈아가면서 연주하는 얼터네이트 스티킹으로 연주합니다. 이때 하나의 패드를 이용해도 좋지만, 빠른 곡을 연주할 때는 두 개의 패드를 이용하는 것이 편합니다. 그래서 하이햇을 D4에 하나 더 맵핑하기도 합니다.

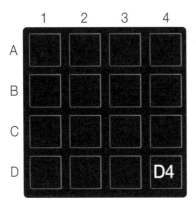

● *Exercise 23 (16beat_패턴 1)*

L2로 D3의 하이햇, R2로 D4의 하이햇을 얼터네이트 스티킹으로 연주합니다.

익숙해지면 Kick 드럼을 L3로 함께 연주합니다. 첫 박자와 세번 째 박자의 시작은 하이 햇(L2)과 킥(L3)이 동시에 연주되는 것입니다

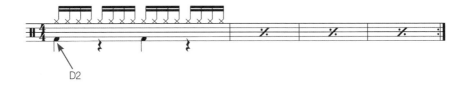

익숙해지면 스네어 드럼을 L3로 함께 연주합니다. 두 번째 박자와 네 번 째 박자의 시
작이 하이햇(L2)과 스네어(L3)로 동시에 연주되는 것입니다. 16 비트의 가장 기본적인
패턴입니다. 8 비트와 비교했을 때 하이햇만 다르다는 것을 알 수 있습니다.

C2

• *Exercise 24 (16beat_패턴 2)*

8 비트에서 하이햇만 16 비트로 연주하여 다양한 패턴을 만들 수 있습니다.

• *Exercise 25 (16beat_패턴 3)*

• *Exercise 26 (16beat_패턴 4)*

• *Exercise 27 (16beat_패턴 5)*

● *Exercise 28 (16beat_패턴 6)*

● *Exercise 29 (16beat_패턴 7)*

과거 Disco에서부터 현재의 EDM까지 댄스 곡의 대부분은 Kick이 4비트로 연주됩니다. 이을 위해 하이햇을 오른손으로만 연주할 수 있게 연습해야 합니다.
R2로 D3 패드의 하이햇을 16비트로 연주할 수 있게 연습합니다.

템포가 빠른 경우에는 한 손가락으로 연주하기 어렵습니다. 물론 하이햇 리듬이 바뀌지만, R2로 D3, R3로 D4 패드의 하이햇을 번갈아 연주할 수 있게 연습합니다. 이때 힘이 좀 더 좋은 R3가 먼저 연주되는 것이 좋습니다.

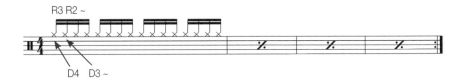

R3와 R2 두 손가락으로 연속해서 연주하는 더블 스트로크도 가능합니다. 이때 손가락이 패드 위를 걷는 듯한 동작으로 움직여야 빠른 연주가 가능합니다.

익숙해지면 Kick을 L2로 연주합니다. 앞의 패턴과는 다르게 4비트로 연주되고 있습니다.

익숙해지면 스네어 드럼을 L3로 함께 연주합니다. 두 번째 박자와 네 번 째 박자에서 킥(L2)과 스네어(L3)가 동시에 연주되는 Disco 리듬입니다.

리얼 드럼에서 Disco 연주는 하이햇과 스네어를 싱글 스트로크로 연주하기 때문에 2박과 4박에서 하이햇이 빠집니다. 패드에서 L2로 스네어를 연주하는 것입니다.

킥은 L3로 연주됩니다. 아주 빠른 연주가 가능하고, 비트를 선명하게 표현할 수 있는 패턴입니다.

10 림 샷 주법

드럼의 테두리를 림(Rim)이라고 하며, 스틱으로 림을 때린다고 해서 림 샷이라고 합니다. 리듬을 연주할 때와 동일한 동작으로 연주하는 경우도 있지만, 보통은 스틱을 쥐고, 헤드에 손바닥을 붙인 상태에서 스틱을 올렸다가 내리면서 가볍게 연주합니다.

림을 연주

림 샷은 발라드 곡의 전주나 Verse에서 보컬을 선명하게 들려주고 싶을 때 많이 사용하며, 악보는 스네어 음표 머리에 사선을 긋거나 Rim이라는 문자를 표기하는 경우도 있지만, 보통은 스네어를 x 표시로 표기합니다.

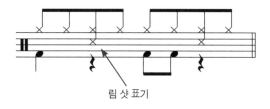

림 샷 표기

다음과 같이 표하는 경우도 있습니다.

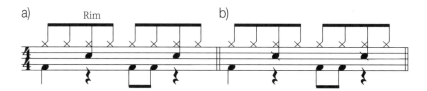

50

빠른 템포의 16비트 연주에서는 스네어도 C1과 C2 두 개의 패드에 맵핑하지만, 느린 발라드에서 미디엄 템포의 록 장르까지는 C2 하나만으로도 충분하므로, 림 샷을 C1에 맵핑합니다. 물론, 익숙해지면 하나의 패드에 두 가지 샘플을 맵핑시켜 놓고, 벨로시티로 구분하는 것도 가능하지만, 실제로는 음악 장르마다 뱅크로 관리하는 것이 편합니다. 뱅크 선택은 컨트롤러마다 차이가 있으므로, 사용하고 있는 장치의 설명서를 참조하기 바랍니다.

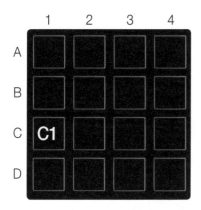

● *Exercise 30*

8 비트와 동일하며, 스네어만 림 샷으로 연주합니다.

● *Exercise 31*

림 샷과 스네어를 병행하여 연주하는 곡들도 많습니다.

11 하이햇 오픈 주법

하이햇은 위아래 두 장의 심벌로 구성되어 있으며, 페달을 이용해서 열거나 닫을 수 있습니다. 지금까지의 기본 비트는 페달을 밟아 하이햇을 닫은 상태로 연주한 클로즈 (Close) 주법이었으며, 앞꿈치를 들어 하이햇을 열고 연주하는 오픈(Open) 주법도 자주 사용합니다.

HH Close

HH Open

하이햇을 열거나 닫는 페달

하이햇 오픈 주법은 음표 위쪽에 동그라미로 표시합니다. 하이햇 클로즈 주법은 지금까지와 같이 별다른 표시를 하지 않지만, 오픈 주법이 등장하는 경우에는 다시 클로즈하는 위치에서 + 표시를 해줍니다.

Open   Close

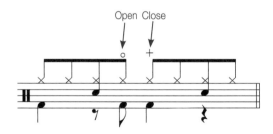

하이햇 하프 주법은 계속 열어놓고 리듬을 연주하는 경우가 많기 때문에 실제로는 HH Open 이라는 문자로 표시하기도 하며, 하이햇을 닫는 위치에서 HH Close로 표기합니다.

하이햇을 반만 열고 연주하는 주법도 있습니다. 이것을 하프 주법이라고 하며, 동그라미에 사선을 그어 표시하는 경우도 있지만, 교본 외에는 거의 사용하지 않습니다.

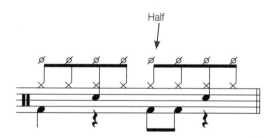

재즈 곡에서는 하이햇을 스틱으로 때리지 않고, 발로만 열었다가 닫을 때 위아래 하이햇이 부딪쳐서 나는 소리로 연주를 하는 경우도 많습니다. 이것을 발로만 연주한다고 해서 풋(Foot) 주법이라고 하며, 발로 연주하는 악기는 음표의 기를 아래쪽에 표기한다는 원칙에 따라 오선 아래쪽에 표기합니다.

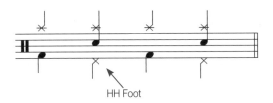

HH Foot

하이햇 오픈이 드레싱으로 등장하는 경우에는 곧바로 하이햇 클로즈가 연주되기 때문에 샘플은 완전히 열려있는 것 보다는 닫히는 소리가 믹스되어 있는 것을 사용하며, C4 패드에 맵핑합니다. 템포가 빠른 16비트 리듬을 잘 사용하지 않는 경우라면 D4에 맵핑해도 좋습니다.

Rock에서는 오픈으로 리듬을 연주하는 경우도 많습니다. 하프 샘플을 C3 패드에 맵핑합니다. 가요나 팝에서 Foot 주법은 거의 사용하지 않으므로 생략합니다. 필요한 경우라면 Close를 하나만 사용하고, C4 또는 D4에 맵핑합니다. 물론, 장르별로 뱅크를 만들어 관리하는 것이 현명합니다.

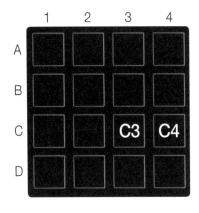

C3 : HH Haft
C4 : HH Open

● *Exercise 32*

Rock에서 자주 등장하는 리듬 패턴입니다.

〈HH Open〉

● *Exercise 33*

EDM에서 자주 등장하는 리듬 패턴입니다. HH Close(D3)는 R2, HH Open(C4)는 R3, Kick(D2)은 L2, Snare(C2)는 L3로 연주합니다.

하이햇 오픈이 드레싱으로 사용되는 8비트 연습 패턴

● *Exercise 34*

● *Exercise 35*

● *Exercise 36*

● *Exercise 37*

● *Exercise 38*

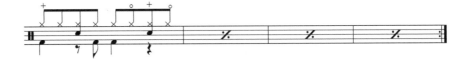

● *Exercise 39*

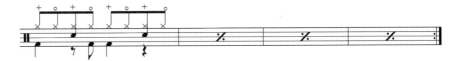

하이햇 오픈이 드레싱으로 사용되는 16비트 연습 패턴

● *Exercise 40*

● *Exercise 41*

● *Exercise 42*

하이햇 오픈이 두 번 연속으로 연주 될 때는 첫 번째 것은 C3의 Half로 연주하고, 클로스 전의 두 번째 것은 C4의 Open으로 연주합니다.

12 루디먼트

드럼은 기본적으로 익혀야 하는 주법들이 있습니다. 이를 루디먼트(Rudiment)라고 하며, 기본 비트의 느낌을 다양하게 변화시킬 수 있습니다. 리얼 드럼이라면 꽤 오랜 연습 시간이 필요하지만, 드럼 패드는 한결 쉽습니다. 물론, 한번에 마스터할 수 있는 주법들은 아니므로 한 곡씩 꾸준히 연습합니다.

● *플램*
꾸밈음 연주를 의미합니다. 필인이나 브레이크 섹션에서 주로 사용하는 주법이며, 실제 연주되는 비트의 손 높이 보다 조금 낮은 위치에서 연주하는 것이 요령입니다.

손 높이를 낮게

플램 주법

● *러프*
꾸밈음이 연음으로 연주되는 주법입니다. 연음은 더블 타법으로 연주합니다. 더블 타법은 16비트에서도 언급했듯이 L3와 L2 또는 R3와 R2 손가락을 이용하여 연속으로 연주하는 타법을 말합니다.

연음은 L3와 L2 연속 으로 연주하고,
비트를 R2로 연주

러프 주법

● 롤

연음의 연속이며, 음표 기에 사선으로 표시합니다. 이론적으로 사선을 2개 그으면, 16
비트로 연주하고, 3개 그으면 32비트로 연주하는 것이지만, 규칙보다는 곡의 분위기
와 연주자의 기량에 따라 자유롭게 연주합니다.

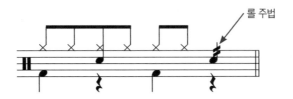

롤은 속도에 따라 싱글 또는 더블 스트로크를 병행합니다.

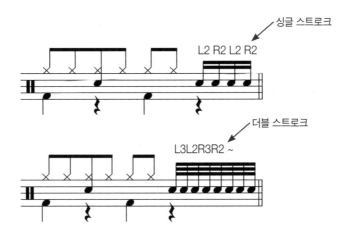

6연음과 같이 음표가 홀수로 나뉘는 비트는 왼손 더블과 오른손 싱글 스트로
크를 조합합니다.

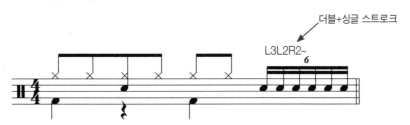

13 섹션 연주

섹션은 브라스 섹션(트럼펫, 트럼본), 스트링 섹션(바이올린, 비올라, 첼로, 더블 베이스), 리듬 섹션(피아노, 기타, 베이스, 드럼) 등, 같은 계열의 악기 그룹을 지칭하는 말입니다. 현장에서 섹션을 맞춘다거나 연주한다는 것은 전체 악기의 조화를 의미하기도 하지만, 특정 리듬을 맞춘다는 의미로 더 많이 사용하며, 포인트는 악센트 입니다.

● *악센트 (Accent)*

악센트는 특정 비트의 리듬을 다른 리듬보다 크게 연주한다는 의미로 보통 2박과 4박에 연주하는 스네어가 이를 담당합니다. 지금까지 연습한 리듬이 여기에 해당합니다.

하지만, 같은 리듬이라도 악센트의 위치에 따라 전혀 다른 분위기를 만들 수 있기 때문에 시간을 내어 연습하는 것이 좋습니다. 다음은 월드 리듬이라고 해서 Rock 연주자들이 가장 많이 사용하는 악센트의 변화입니다. 충분히 연습이 되면, 8비트 리듬에서 살펴본 Kick을 추가합니다.

다운 비트를 강하게 연주하는 연습입니다.

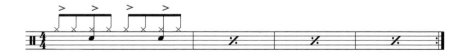

업 비트를 강하게 연주하는 연습입니다.

16 비트에서도 같은 패턴의 변화가 가능합니다.

● *크레센도 (Crescendo)*

점점 세게 연주하라는 의미이며, 2개의 사선이나 Cresc. 용어로 표기합니다. 드럼은 다이내믹 범위가 넓지 않아서 피아노와 같은 섬세한 터치가 어렵기 때문에 많은 연습이 필요한 주법 이기도 합니다. 패드에서는 벨로시티 감도를 자신에게 맞게 설정할 필요가 있습니다. 이에 관해서는 VST 학습 편을 참조합니다.

롤 주법에 사용된 크레센도 주법입니다. 단계별로 조금씩 크게 연주한다는 느낌보다는 끝을 맺을 때 확실히 강하게 연주한다는 느낌을 가지면 됩니다.

드럼에서는 드문 주법이지만, 점점 작게 연주하는 데크레센도(Decrescendo) 주법도 연습을 합니다. 사선은 크레센도와 반대로 표시됩니다.

● *싱코페이션 (Syncopation)*

당김음이라고 하며, 붙임줄로 2박과 4박의 기본 악센트 위치를 바꾸는 주법입니다. 마디에 걸쳐서 코드가 당겨지는 것을 엔티시페이션(Anticipation)이라고 구분하지만, 코드와 상관 없는 드럼의 경우에는 모두 싱코페이션으로 지칭하며, 크래쉬로 연주되는 경우가 많습니다. 다음은 마디 안에서의 싱코페이션이 사용된 예 입니다.

두 마디에 걸쳐 싱코페이션이 사용된 예 입니다.

앞의 두 가지 경우가 모두 사용된 예 입니다.

● 브레이크 (Break)

연주를 멈춰 일시적인 공백을 만드는 주법입니다. 공백은 곡의 긴장감을 만들거나 리드 악기 또는 보컬의 솔로를 부각시키는 역할을 합니다. 브레이크는 보통 심벌로 연주되는데, 이때 심벌을 손으로 잡아 뮤트하며, 악보에는 M으로 표기합니다. 애프터 터치를 지원하는 패드의 경우에는 패드를 누르고 있으면 뮤트되게 설정을 하고, 그렇지 않은 경우에는 벨로시티로 구분하거나 다른 패드에 맵핑하기도 합니다.

플램 주법으로 브레이크를 거는 경우입니다.

오픈 하이햇으로 브레이크를 거는 경우입니다. 리얼 드럼의 경우에는 바로 페달을 밟아 여운이 남지 않게 하는 것이 중요하지만, 패드의 경우에는 닫히는 소리가 함께 있는 샘플을 이용하기 때문에 신경 쓰지 않아도 됩니다. 악보는 이해를 돕기 위한 것이며, 실제로 풋 페달을 일일이 표기하는 경우는 드뭅니다.

14 하프 & 더블 타임

한 마디의 리듬을 두 마디 길이를 연주하여 템포가 절반으로 느려진 것과 같은 효과를 만드는 리듬을 하프 타임이라고 하며, 반대로 두 마디 리듬을 한 마디 길이로 줄여 템포가 두배로 빨라진 것과 같은 효과를 만드는 리듬을 더블 타임이라고 합니다. 이때 하이햇 연주는 한 마디 패턴을 그대로 유지하면서 베이스와 스네어의 비트만 절반으로 줄이거나 두 배로 늘립니다. 주로 음악의 브릿지 섹션에서 변화를 주기 위해 사용하지만, 덥스템(Dub-Step)과 같이 전체적으로 연주되는 경우도 많습니다.

하프 타임 리듬입니다. 차분해지는 것을 느낄 수 있습니다.

● *Exercise 43*

● *Exercise 44*

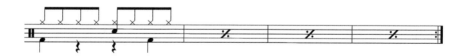

● *Exercise 45*

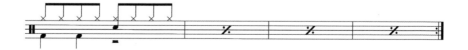

● *Exercise 46*

● *Exercise 47*

● *Exercise 48*

● *Exercise 49*

● *Exercise 50*

● *Exercise 51*

● *Exercise 52*

● *Exercise 53*

더블 타임 리듬입니다. 달리듯이 빨라지는 것을 느낄 수 있습니다.

● *Exercise 54*

● *Exercise 55*

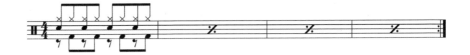

15 12 비트 리듬

8비트는 마디를 8개로 나누고, 16비트는 16개로 나누었습니다. 그럼 12비트는?
마디를 12개로 나누어 연주하는 것입니다. 한 박자를 3개로 나눈다고 해서 트리플
(Triple) 리듬이라고도 합니다. 기본 태생은 블루스(Bluse)이며, Rock, Shuffle 등의 리
듬으로 활용됩니다.
한 박자를 3등분해서 연주해야 하기 때문에 입문자들에게는 많은 연습이 필요합니다.
입으로 하아나, 두우울, 세에엣, 네에엣 소리내며 연습합니다.

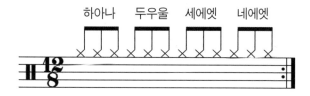

익숙해지면 스네어를 추가합니다.

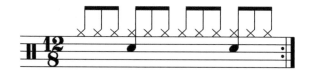

익숙해지면 킥을 추가합니다. 블루스의 기본 패턴입니다.

실제로는 4분의 4박자로 표기하는 경우가 많으며, 다음은 Slow Rock이나 Bluse 등의 슬로우 곡에서 많이 사용하는 패턴입니다.

● *Exercise 56 (12beat_패턴 1)*

● *Exercise 57 (12beat_패턴 2)*

● *Exercise 58 (12beat_패턴 3)*

● *Exercise 59 (12beat_패턴 4)*

12비트 미디엄 템포의 경우에는 3잇단음의 가운데 비트를 빼고 연주합니다. 이때 손의 움직임을 멈추는 것 보다는 계속 움직여주는 것이 리듬을 타기 좋습니다.

실제로 악보는 위에서와 같이 쉼표를 표기하지 않고, 다음 a)나 b)와 같이 합니다.
b)는 16비트로 혼동될 수 있지만, 팝의 경우에는 음악 장르를 템포 마커로 표기하는 것이 일반적이기 때문에 이를 보고 구분합니다.

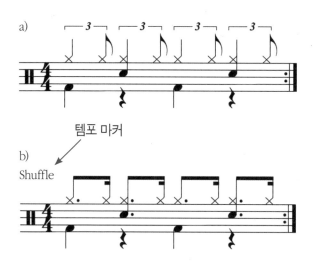

템포 마커에 잇단 음으로 연주하라는 표기를 하고, 악보는 8비트로 기보하는 경우도 많습니다.

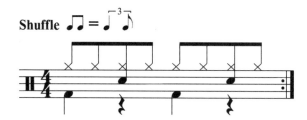

미디엄 템포의 12비트는 셔플(Shuffle) 리듬에서 많이 사용하며, 자주 사용하는 패턴
은 다음과 같습니다.

● *Exercise 60 (12beat_패턴 5)*

● *Exercise 61 (12beat_패턴 6)*

● *Exercise 62 (12beat_패턴 7)*

● *Exercise 63 (12beat_패턴 8)*

● *Exercise 64 (12beat_패턴 9)*

16 폴카 & 트로트

리듬은 드럼 하나로 결정되는 것이 아니기 때문에 8비트, 16비트, 12비트와 같이 비트로 나누어 연습하는 것이 일반적입니다. 하지만, 팝 연주자들은 악보에 표시되어 있는 Rock, Disco, Shuffle 등의 템포 마커를 보고 연주할 수 있어야 하기 때문에 장르별로 구분할 수 있어야 합니다. 각 장르는 지금까지 연습한 패턴을 기본으로 하고 있기 때문에 어렵진 않지만, 하나의 장르는 리듬 외에 멜로디와 코드, 그리고 시대적 문화가 결합되어 형성되는 것이므로, 음악을 많이 듣고, 분위기를 파악할 필요가 있습니다. 실제로 뮤지션들은 하나의 장르로 평생을 바치고 있습니다.

먼저 한국인에게 익숙한 트로트 입니다. 악보는 4비트로 표기되었지만, 2/4 박자를 확장한 것이기 때문에 2비트로 해석하는 경우가 더 많습니다.

요즘에는 댄스 스타일로 편곡되어 8비트나 16비트로 연주되는 경우가 더 많으며, 퓨전 트로트, 모던 트로트, Electronic Trot Music(ETM) 등 다양하게 부르고 있습니다.

요즘 스타일의 트로트 리듬입니다.

● *Exercise 65*

● *Exercise 66*

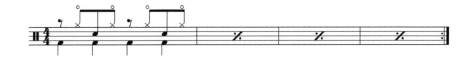

● *Exercise 67*

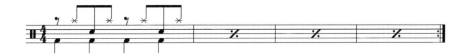

폴카(Polka) 리듬은 Trot의 더블 타임으로 연주되며, 2/4 박자 곡도 많습니다.

● *Exercise 68*

● *Exercise 69*

17 알앤비 리듬

R&B는 리듬 앤 블루스(Rhythm and Blues)의 약자로 전통 블루스에 다양한 리듬이 섞여 만들어진 장르입니다. 그래서 8비트, 16비트, 12비트 등의 다양한 패턴이 존재하지만, 패턴보다는 그루브(Groove)를 중요하게 여깁니다. 입문자는 R&B 음악을많이 들어보고 분위기를 파악하는 것이 중요합니다. 대표적인 아티스트로는 James Brown, Aretha Franklin, Marvin Gaye 등이 있으며, 펑크와 힙합으로 연결됩니다.

8비트로 연주되는 R&B 리듬 패턴입니다.

● *Exercise 70*

● *Exercise 71*

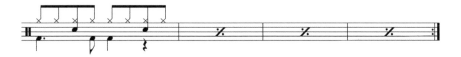

● *Exercise 72*

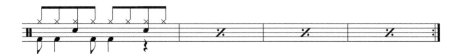

● *Exercise 73*

● *Exercise 74*

● *Exercise 75*

16비트로 연주되는 R&B 리듬 패턴입니다.

● *Exercise 76*

● *Exercise 77*

● *Exercise 78*

● *Exercise 79*

12비트로 연주되는 R&B 리듬 패턴입니다.

● *Exercise 80*

● *Exercise 81*

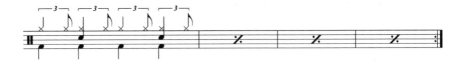

● *Exercise 82*

● *Exercise 83*

● *Exercise 84*

● *Exercise 85*

실제로 그루브가 중요한 R&B는 고스트 노트(Ghost Note)라고 하는 스네어 연주를 추가하는 것이 일반적입니다. 아주 작게 연주하는 주법을 말하며 교재에서는 괄호로 표시하지만, 현장에서는 연주자에게 맡겨지는 것이 일반적입니다.

● *Exercise 86*

● *Exercise 87*

● *Exercise 88*

● *Exercise 89*

● *Exercise 90*

● *Exercise 91*

● *Exercise 92*

● *Exercise 93*

● *Exercise 94*

● *Exercise 95*

● *Exercise 96*

오픈 하이햇이 드레싱으로 사용되기도 합니다.

● *Exercise 97*

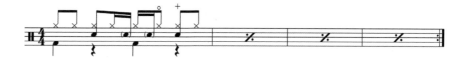

● *Exercise 98*

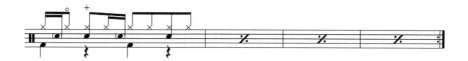

● *Exercise 99*

● *Exercise 100*

● *Exercise 101*

● *Exercise 102*

18 펑크와 힙합 리듬

펑크는 R&B를 기반으로 아프리카 민속 리듬이 혼합되어 탄생하였으며, 현대 음악의
바탕이 되고 있는 주요 장르입니다. 음악 공부를 하다 보면 점점 과거의 음악을 연구
하게 되며, 결국엔 재즈로 가게 되고, 심지어 16-17세기 모드까지 파고들게 됩니다.
펑크는 재즈에서 EDM, Hip Hop 까지의 현대 음악을 연결하는 중심에 있으며, 음악의
깊이를 더하고자 한다면 반드시 학습해야 할 장르입니다.

펑크 리듬 패턴은 16비트를 기반으로 합니다.

● *Exercise 103*

● *Exercise 104*

● *Exercise 105*

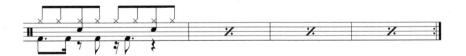

● *Exercise 106*

● *Exercise 107*

펑크 리듬의 가장 큰 특징은 싱코페이션이며, 특별한 그루브 감을 만들어줍니다.

● *Exercise 108*

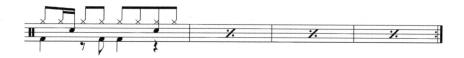

● *Exercise 109*

● *Exercise 110*

● *Exercise 111*

고스트 노트가 첨가된 경우입니다. 현장에서는 괄호를 표시하지 않고 연주자에게 맡겨지는 것이 일반적입니다.

● *Exercise 112*

● *Exercise 113*

● *Exercise 114*

● *Exercise 115*

오픈 하이햇이 드레싱으로 사용되고 있는 펑크 리듬입니다.

● *Exercise 116*

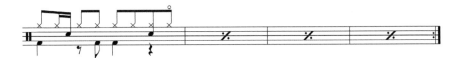

● Exercise 117

● Exercise 118

● Exercise 119

펑크는 힙합(Hip Hop) 리듬에 그대로 응용할 수 있으며, 하이햇을 간결하게 연주하여 킥의 16비트를 강조하는 곡도 많습니다.

● Exercise 120

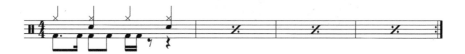

● Exercise 121

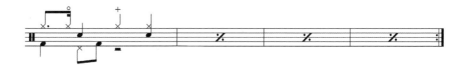

19 재즈 리듬

재즈의 기본 리듬은 스윙(Swing) 입니다. 스윙은 셔플과 동일한 12비트이지만, 분위기는 전혀 다릅니다. 사운드도 하이햇 대신 라이드 컵을 연주한다거나, 스네어도 빗자루 모양으로 되어 있는 브러시 스틱(Brush Stick)을 사용한다거나 풋(Foot) 하이햇으로 비트를 유지하는 등의 변화가 있습니다.

각각의 사운드는 현재 비어있는 A1과 D1에 맵핑해도 좋습니다. 그러나 보통은 A1에는 크래쉬 심벌, A4에는 킥 드럼을 추가하는 것이 일반적입니다. 킥을 두 개 갖추는 것은 리얼 드럼의 더블 킥 세트를 재현하는 것이며, 빠른 16비트 킥을 연주할 때 사용합니다. 그리고 A1에는 피치가 다른 크래쉬를 맵핑하여 사운드의 변화를 만들기도 하지만, 킥과 함께 왼손으로 연주할 수 있게 하기 위한 것입니다.

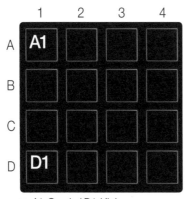

▲ A1-Crash / D1-Kick

▲ Brush Stick

결국, 하나의 뱅크로 모든 사운드를 구현하는 것은 패드 수의 제한도 있고, 연주도 불편하기 때문에 장르별로 뱅크를 만들어 관리하는 것이 좋습니다. 뱅크를 만드는 방법은 VST 마다 차이가 있으므로 해당 학습편을 참조합니다. 익숙해지면 드럼 외에 라틴 퍼커션이나 효과음, 또는 멜로디나 코드를 연주할 때도 많게 될 것이며, 드럼 패드 컨트롤러는 사용자의 그루브를 표현할 수 있는 필수 장비가 될 것입니다.

재즈는 즉흥 연주가 생명이기 때문에 친절한 악보는 오히려 방해가 됩니다. 현장에서는 섹션만 표기되어 있는 악보를 사용하는 것이 일반적이며, 새롭게 편곡하지 않은 곡이라면 악보조차 제공되지 않는 경우가 더 많습니다.

위의 악보를 보고 어떻게 연주할 것인지를 결정하는 것은 오로지 연주자의 몫입니다. 사실 재즈를 연주할 정도면 10년 이상의 경력을 가지고 있을 것이므로, 별 다른 설명은 필요 없지만, 무작정 재즈를 시작하는 입문자도 있을 것이므로, 재즈에서 많이 연주되는 패턴을 몇 가지 살펴보겠습니다.

재즈의 기본 리듬은 스윙(Swing)이며, 악보는 16비트로 표기하지만, 셔플과 마찬가지로 3잇단음으로 연주해야 한다는 것에 주의합니다.

● Exercise 122

브러시는 2박과 4박에서 모두 연주하거나 2박 또는 4박에서만 연주할 수 있습니다. 악보는 스네어를 원으로 표기하거나 Brush라는 문자를 표기하기도 합니다.

● Exercise 123

하이햇으로 연주하는 경우 입니다. 브러시를 연주하는 방법도 동일합니다.

● *Exercise 124*

라이드 리듬에 변화를 주는 경우 입니다.

● *Exercise 125*

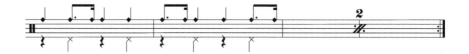

● *Exercise 126*

스네어로 액센트의 변화를 주는 경우 입니다.

● *Exercise 127*

● *Exercise 128*

스윙 재즈에서는 킥 드럼을 잘 사용하지 않지만, 약하게 연주하여 비트의 변화를 주는 경우도 있습니다.

● *Exercise 129*

● *Exercise 130*

현재에도 많이 연주되고 있는 퓨전 재즈 입니다.

● *Exercise 131*

● *Exercise 132*

● *Exercise 133*

20 라틴 리듬

라틴 리듬은 말 그대로 쿠바(Cuban), 브라질(Brazilian), 캐리비안(Caribbean) 등의 라틴 계열 음악에서 연주되는 리듬을 의미하며, 봉고, 콩가, 팀발레스 등의 퍼커션이 필수적으로 추가됩니다. 다만, 본서에서 벗어나는 내용이므로 이에 관해서는 생략하고, 시대별로 유행했던 리듬 패턴을 정리하겠습니다.

어떤 리듬이든 단독으로 만들어진 것은 없으며, 다양한 장르의 조합으로 새로운 것이 탄생하는 것입니다. 자신만의 리듬을 만드는데 유용한 학습 자료가 될 것입니다.

쿠바(Cuban) 리듬 - 볼레로, 차차, 맘보 (50년대)

Afro-Cuban 리듬은 라틴 음악을 대표하는 스타일 입니다. 팝의 Shakira and Jennifer Lopez, 록의 Santana, 재즈의 Chic Corea 음악에서 라틴 리듬을 찾을 수 있습니다.

● *Exercise 134 (Bolero _패턴 1)*

● *Exercise 135 (Bolero _패턴 2)*

● *Exercise 136 (Cha Cha_패턴 1)*

● *Exercise 137 (Cha Cha _패턴 2)*

● *Exercise 138 (Mambo _패턴 1)*

● *Exercise 139 (Mambo_패턴 2)*

브라질(Brazilian) 리듬 - 삼바, 보사노바 (60년대)

라틴 음악하면 떠오르는 리듬이 삼바와 보사노바 입니다. 특히, 국내에서도 꽤 오랫동
안 유행을 했기 때문에 다양한 리듬을 공부하는 연주자들은 물론, 재즈를 공부하는
학생들의 필수 연습 코스이기도 합니다.

● *Exercise 140 (Smaba_패턴 1)*

● *Exercise 141 (Smaba_패턴 2)*

● *Exercise 142 (Smaba_패턴 3)*

● *Exercise 143 (Bossa nova_패턴 1)*

● *Exercise 144 (Bossa nova_패턴 2)*

캐리비안(Caribbean) 리듬 - 래게, 스카, 칼립소 (70-80년대)

밥 말리(Bob Marley)를 비롯한 아티스트들의 활동으로 현재에도 쉽게 들을 수 있는 리듬이며, 팝이나 록 리듬에 쉽게 융합되어 The Police, UB40, No Doubt 등의 밴드 음악에서도 찾을 수 있습니다.

● *Exercise 145 (Reggae_패턴 1)*

● *Exercise 146 (Reggae_패턴 2)*

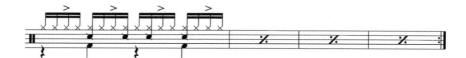

● *Exercise 147 (Reggae_패턴 3)*

● *Exercise 148 (Reggae_패턴 4)*

● *Exercise 149 (Reggae_패턴 5)*

● *Exercise 150 (Reggae_패턴 6)*

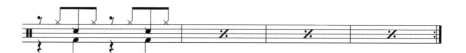

● *Exercise 151 (Reggae_패턴 7)*

● *Exercise 152 (Ska_패턴 1)*

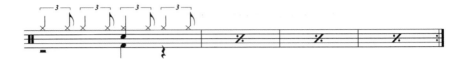

● *Exercise 153 (Ska_패턴 2)*

● *Exercise 154 (Ska_패턴 3)*

● *Exercise 155 (Ska_패턴 4)*

● *Exercise 156 (Ska_패턴 5)*

● *Exercise 157 (Ska_패턴 6)*

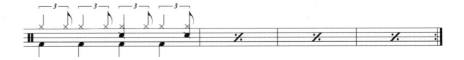

칼립소는 8비트를 1, 2, 3 / 1, 2, 3 / 1. 2 단위로 악센트를 주고 있는데, 이는 현재 팝이나 록 음악에서 많이 사용하고는 월드 리듬입니다. 이처럼 현재 유행하고 있는 음악의 대부분은 라틴 리듬의 영향을 받았다고 할 수 있습니다. 독특한 사운드를 창조한다거나 자신만의 리듬의 만들고 싶은 경우가 아니더라도 라틴 리듬을 공부하면, 음악 영역을 확장하는데 큰 도움이 될 것입니다.

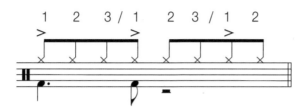

● Exercise 158 (Calypso_패턴 1)

● Exercise 159 (Calypso_패턴 2)

오픈 하이햇을 드레싱으로 연주하여 변화를 줄 수 있습니다.

● Exercise 160 (Calypso_패턴 3)

Part 02

fxpansion BFD

01 레이아웃

록 음악을 하는 사람들이 가장 선호하는 VST로 흔히 말하는 생드럼 사운드가 좋다고
알려진 악기입니다. 악기 밸런스가 조정된 상태로 로딩되기 때문에 마스터 레벨 컨트
롤만으로도 작업중인 음악에 자연스럽게 믹스 할 수 있는 편리함을 가지고 있으며, 세
계적인 드러머들이 직접 연주한 패턴과 자신의 음악에 어울리도록 편집할 수 있는 그
루브 에디터를 제공합니다.

화면은 드럼 킷을 그림으로 표시하고 있는 디스플레이를 중심으로 왼쪽에는 악기를 탐
색하고 로딩할 수 있는 브라우저, 오른쪽에는 선택한 악기의 음색을 편집할 수 있는 에
디터, 위쪽에는 파일을 관리하거나 패턴을 연주할 수 있는 메뉴와 컨트롤 바, 아래쪽에
는 악기 밸런스 및 이펙트 등을 컨트롤할 수 있는 믹서로 구성되어 있습니다.

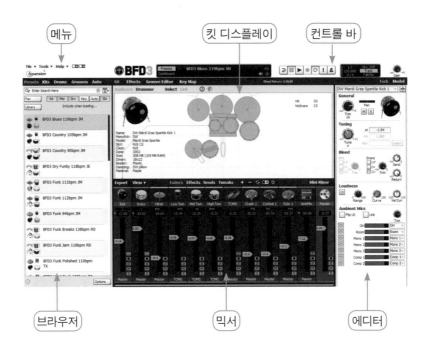

02 컨트롤 바

화면 위쪽에 있는 메뉴 및 컨트롤 바의 기능을 살펴보겠습니다. 왼쪽 브라우저 패널에
서 적당한 프리셋을 더블 클릭하여 로딩합니다.

Preset LCD

LCD 창은 Preset과 Dashboard 화면으로 전환할 수 있으며, Preset은 현재 로딩된 프
리셋 이름과 이전/다음 프리셋을 선택할 수 있는 버튼을 제공합니다.

● Previous/Next 버튼 : 현재 로딩한 프리셋의 이전 또는 다음 프리셋을 로딩합니다.
● Audio/MIDI 아이콘 : 오디오 드라이버가 정상적으로 잡혀있는지, 미디 신호가 정상
적으로 입력되는지의 여부를 표시합니다.
● Dashboard : 대쉬보드 LCD 창으로 전환합니다.

Dashboard LCD

음정이나 톤 등을 컨트롤할 수 있는 노브와 시스템을 체크할 수 있는 정보를 제공합니다.

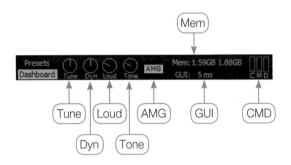

● Tune : 드럼 킷의 음정을 조율합니다. 1의 값이 반음이며, 더블 클릭하면 기본 설정 값으로 복구됩니다.

● Dyn : 입력 벨로시티의 범위를 조정합니다. 100%로 조정하면 벨로시티에 상관없이 최대 출력으로 연주됩니다.

● AMG : AMG 모드 사용 여부를 On/Off 합니다. AMG 모드는 인간이 연주한 듯한 휴머니즘을 연출하기 위하여 연주 세기나 톤을 무작위로 변하게 만드는 기능입니다. 범위는 오른쪽 에디터 패널의 Model 탭에서 Arrticulations 항목에 있는 Variance 노브로 조정합니다.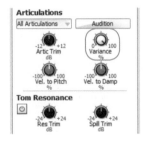

● Loud : AMG 모드가 On일 때 조정 가능하며, 연주 세기가 무작위로 변하는 범위를 설정합니다.

● Tone : AMG 모드가 On일 때 조정 가능하며, 연주 톤이 무작위로 변하는 범위를 설정합니다.

● Mem : 사용되고 있는 메모리의 양과 킷의 크기가 표시됩니다.

● CMD : 미디 입/출력에 사용되는 CPU의 사용량(C), 믹싱 및 FX 처리에 사용되는 메모리의 사용량(M), 하드 디스크의 사용량(D)을 표시합니다.

● GUI : 악기를 선택할 때 회전하거나 연주할 때 깜빡이는 등의 그래픽 효과가 표시되는 속도를 표시합니다.

Transport & Display

BFD는 Steve Ferrone, Brooks Wackerman, Peter Erskine 등, 세계적인 드러머들이 연주한 패턴을 제공하며, 이를 컨트롤 할 수 있는 트랜스포트 버튼과 정보를 표시합니다.

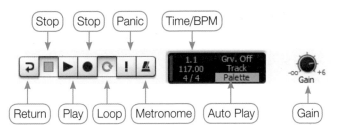

BFD에서 제공하는 연주 패턴은 Groove Eidtor에서 선택하거나 편집할 수 있습니다. 화면은 편집 창을 중심으로 오른쪽에 팔레트가 있고, 아래쪽에 트랙이 있으며, 포지션 라인과 로케이터 바는 트랙에 표시됩니다.

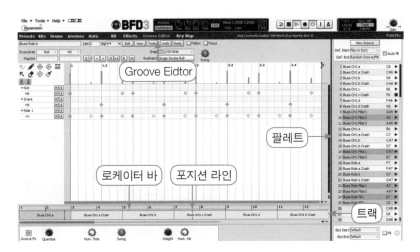

● Retrun : 포지션 라인을 시작 위치로 이동시킵니다.

● Stop : 패턴 연주를 정지합니다.

● Play : 패턴 연주를 시작합니다.

● Record : 사용자 연주를 녹음합니다.

● Loop : 로케이터 바 구간을 반복 연주합니다.

● Panic : 오디오 엔진을 초기화 합니다. 간혹, 에러가 발생하면 사인톤과 같은 잡음이 지속되는 경우가 있는데, 이 버튼을 클릭하여 해결할 수 있습니다.

● Metronome : 메트로놈 소리를 On/Off 합니다.

● Time/BPM : 3개의 표시 항목이 있지만, 플러그인으로 사용할 때는 호스트 프로그램에 동기되므로, 의미는 없습니다.
① 위쪽 Current song time은 연주 위치를 표시합니다.
② 가운데 Tempo는 템포를 조정합니다.
③ 아래쪽 Time Signature는 박자를 표시합니다.

● Auto Play : 3가지 모드가 있습니다.
① 위쪽 Grv off는 그루브 패턴을 사용하지 않습니다. 시퀀싱 작업을 할 때 음색만 사용하는 것이 일반적이므로, 가장 많이 사용하는 모드입니다.
② 가운데 Track은 트랙에 배치된 패턴을 연주합니다.
③ 아래쪽 Palette는 팔레트에 나열되어 있는 그루브를 Actions에 따른 순서로 연주합니다.

● Gain : 입력 레벨을 조정합니다. 드럼 연주를 레코딩할 때 세팅되는 마이크의 레벨을 조정하는 것으로, 전체 출력 레벨을 조정하는 믹서의 Master 레벨과는 차이가 있습니다.

03 프리셋과 킷 로딩

Presets

Include 버튼

Presets은 목록에서 더블 클릭하거나 Kit 디스플레이 공간으로 드래그하여 로딩할 수 있습니다. 이때 Kit 외에도 Mix 설정이나 그루브(Grv) 패턴이 함께 로딩되는데 이것을 결정하는 것이 Include 버튼입니다. 그루브 패턴을 유지한 상태에서 프리셋을 변경하고 싶을 때에는 Grv 버튼을 Off하면 됩니다.

프리셋을 로딩하고 설정을 변경한 경우에는 다른 프리셋을 로딩할 때 확인 창이 열립니다. 이것이 귀찮다면 목록 하단의 Options 버튼을 클릭하여 메뉴를 열고, Confirm Preset loading을 선택하여 체크 옵션을 해제합니다.

Options 버튼

Kits

브라우저 창의 Kit 탭은 드럼 세트를 변경하고자 할 때 이용합니다. Tweaks, Slots, Mixer의 Reset 버튼은 Kit을 로딩할 때 초기화 하고 싶은 것을 선택하는 것입니다.

다 좋은데, Kick이나 Snare가 작업중인 곡에 어울리지 않는 경우가 있습니다. 이때 이용하는 것이 Drums 탭입니다. Kit 디스플레이 창의 그림이나 믹서의 그림을 클릭하여 변경하고자 하는 악기를 선택합니다. 그리고 Play 버튼을 클릭하여 Grooves 패턴을 연주합니다.

Drums

Drums 탭에 선택한 악기의 다양한 모델이 표시됩니다. 악기를 선택하면 모니터할 수 있고, 마음에 드는 것을 찾으면 체크 표시를 클릭하거나 더블 클릭하여 변경할 수 있습니다.

기본 세트에서 Tom이나 Cymbal 등을 추가하고 싶은 경우가 있습니다. 이때는 Show 버튼에서 원하는 악기를 선택하고 목록에서 Kit 디스플레이 또는 믹서로 드래그하면 됩니다.

목록에서 악기를 선택할 때 모니터가 되지 않는다면, Options 메뉴의 Audition when clicking Drum이 체크되어 있는지 확인합니다.

Options

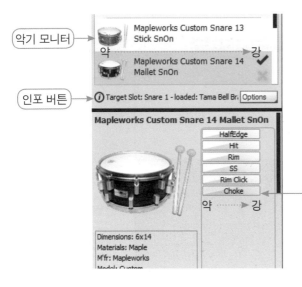

악기 모니터

인포 버튼

주법 모니터

인포 버튼을 클릭하면 악기의 세부 정보가 표시되며, 각 주법이 표시된 버튼을 클릭하여 사운드를 모니터 할 수 있습니다. Drums 리스트나 주법 버튼은 오른쪽을 클릭할수록 강하게 연주되는 벨로시티가 적용되어 있습니다.

Show Filter

Show 버튼

Show 버튼은 선택한 악기 리스트를 표시하는 기능인데, 디스플레이에서 악기 그림을 선택하는 것이 편리하기 때문에 잘 사용하지는 않습니다. 다만, 프로세스가 적용된 것을 표기할 것인지의 여부를 선택하는 Precessed 버튼은 목적에 어울리는 악기를 찾을 때 유용합니다.

악기 이름을 입력하여 검색할 수 있는 검색 창 오른쪽 끝의 Filter 버튼을 클릭하면 표시 목록을 카테고리로 선택할 수 있는 창이 열립니다.

Filter 버튼

필터 창에는 사용자 카테고리를 만들 수 있는 New List 버튼을 제공합니다. 버튼을 클릭하여 폴더를 만들고, 자신이 주로 사용하는 Kit 목록을 담아 놓을 수 있습니다. 삭제를 할 때는 Delete List 버튼을 클릭합니다.

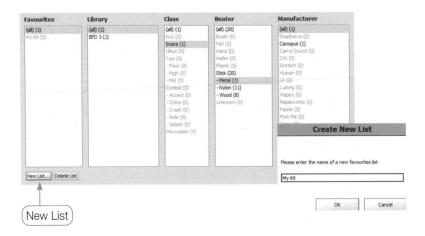

악기를 마우스 오른쪽 버튼으로 클릭하면 Add to Favourite list에 New List로 만든 폴더가 보이며, 이를 선택하여 해당 악기를 담아 놓을 수 있습니다.

Import Samples

드럼 작업을 할 때 오디오 샘플을 일일이 심는 경우를 봅니다. BFD는 오디오 샘플을 Drums 목록에 등록하여 사용할 수 있기 때문에 일일이 심는 미련한 짓은 하지 않아도 됩니다. File 메뉴의 Import Samples를 선택합니다.

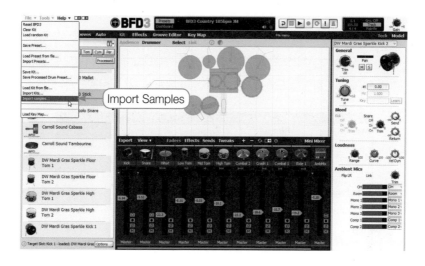

Add 버튼을 클릭하여 오디오 파일을 Velocity Layers에 추가합니다. 2개 이상의 샘플을 레이어로 추가할 수 있으며, 위쪽의 샘플이 강하게 연주될 때 입니다. Drum Type에서 표시될 항목을 선택하고, Drum Name에서 이름을 입력합니다. 그리고 Import 버튼을 클릭하면 외부 파일을 BFD에서 사용할 수 있습니다.

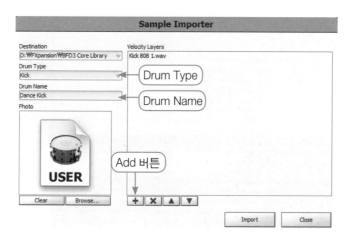

04 킷 디스플레이

Audience / Drummer

Kit 디스플레이의 Audience와 Drummer 메뉴는 화면에 표시되는 드럼 킷을 청중 (Audience) 시각으로 표시할 것인지, 드러머(Drummer) 시각으로 표시할 것인지를 선택합니다. 화면을 드래그하면 마이크의 위치도 확인할 수 있습니다.

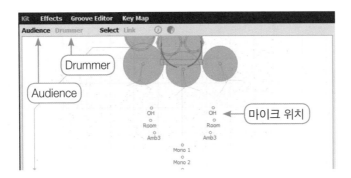

Select

킷 디스플레이에서 악기를 선택할 때 믹서의 슬롯이 함께 선택됩니다.

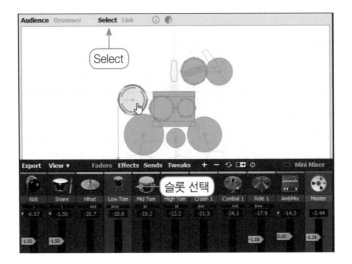

Link

마우스 드래그로 악기를 연결할 수 있습니다. 연결된 악기는 레이어로 구성되어 동시에 연주됩니다. 링크를 해제할 때는 단축 메뉴의 Unlink를 선택합니다.

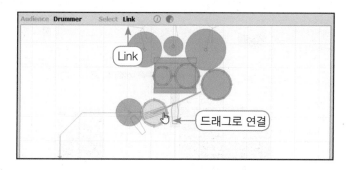

Info

Info 버튼은 선택한 악기의 세부 정보를 표시합니다.

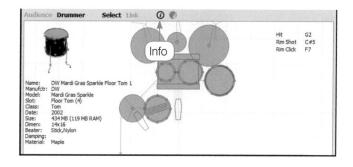

Memory

Memory 버튼은 악기의 메모리 용량을 표시합니다.

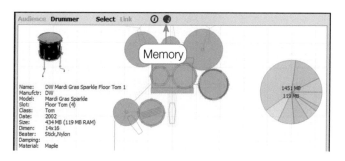

단축 메뉴

악기를 마우스 오른쪽 버튼으로 클릭하면 열리는 단축 메뉴의 역할입니다.

● Drums : 서브 메뉴로 악기가 열리며, 선택하여 변경할 수 있습니다.

● Swap : 서브 메뉴로 믹서 슬롯이 열리며, 선택하여 바꿀 수 있습니다.

● Move : 서브 메뉴로 믹서 슬롯이 열리며, 선택하여 이동시킬 수 있습니다.

● Copy : 서브 메뉴로 믹서 슬롯이 열리며, 선택하여 복사할 수 있습니다.

● Link : 서브 메뉴로 킷 구성 악기가 열리며, 선택하여 레이어로 연결합니다.

● Unlink : 레이어로 연결된 것을 해제 합니다.

● Start MIDI Learn : 맵핑 작업을 작업을 할 수 있는 MIDI Learn 마법사를 실행합니다. BFD는 맵핑 작업을 위한 Key Map 창을 제공하지만, 전체 악기를 맵핑할 때는 이 기능이 편리합니다. 창이 열리면 건반이나 패드를 눌러 바로 맵핑할 수 있습니다.

Next slot mode 옵션은 현재 드럼 슬롯을 맵핑하면 다음 슬롯으로 이동되게 합니다. 옵션을 해제하면 현재 슬롯 연결 후 창을 닫습니다.

Wait for MIDI input 옵션은 사용자가 건반이나 패드를 눌러 인식시킬 때까지 기다리게 합니다. 옵션을 해제하면 15초 동안 응답이 없을 때 다음 슬롯으로 넘어갑니다.

Next 및 Previous 버튼을 클릭하여 수동으로 이동할 수 있고, Close 및 Done 버튼을 클릭하여 맵 설정을 마칩니다.

● Clear slot : 슬롯을 비웁니다.

● Clear slot and remove Mixer Chaanles : 슬롯을 비우고, 해당 믹서 채널을 삭제합니다.

● Add another (Kit) Slot : 선택한 악기를 추가합니다.

● Remove (Kit) Slot : 선택한 악기를 제거합니다.

● Next : Drums 목록을 기준으로 다음 악기를 로딩합니다.

● Previous : Drums 목록을 기준으로 이전 악기를 로딩합니다.

● Unload Articulation : 서브 메뉴로 선택한 악기에서 연주되는 주법들이 열리며, 선택하여 연주되지 않게 합니다. 메모리 확보를 위해 사용하지 않는 주법들을 선택하는 것입니다.

● Reload All Articulation : 모든 주법들을 다시 로딩합니다.

05 드럼 편집

Tech

화면 오른쪽에는 선택한 드럼의 레벨이나 음정 등을 편집할 수 있는 Tech와 Model 창이 있으며, Tech 창은 General, Tuning, Bleed, Loudness, Ambient Mics의 5가지 항목으로 구성되어 있습니다.

● General

악기는 디스플레이 또는 믹서의 그림에서 선택하며, 레벨을 조정하는 Trim, 좌/우 방향을 조정하는 Pan, 뮤트(M), 솔로(S) 버튼을 제공합니다.

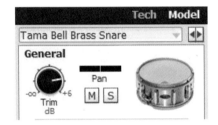

● Tuning

피치를 조정합니다. 1의 값이 반음이며, Tom은 주파수 단위의 Hz나 노트값의 Key로 조정 가능합니다. Key의 경우에는 Learn 버튼을 On으로 놓고, 건반을 눌러 설정할 수 있습니다.

● Bleed

드럼을 녹음할 때 연주하는 악기에 이웃한 소리가 함께 수음 될 수 밖에 없는데, 이것을 블리드 사운드라고 합니다. Bleed 항목에서 Kick과 Snare의 블리드 사운드를 컨트롤합니다.

Off : 블리드 사운드를 사용하지 않습니다.

Dir : 다이렉트 마이크 사운드를 사용합니다.

On : 블리드 사운드를 사용합니다. 리얼 사운드를 시뮬레이션하는 핵심입니다.

Trim : 블리드 사운드의 레벨을 조정합니다. 최대 값은 믹서의 Tweaks 창에서 설정한 Trim 값이며, 기본은 0dB 입니다.

Send : 블리드 사운드의 센드 레벨을 조정합니다.

Return : 블리드 사운드의 리턴 레벨을 조정합니다.

● Loudness

연주 강도를 컨트롤하는 노브로 구성되어 있습니다.

Power : 라우드니스의 사용 여부를 On/Off 합니다.

Range : 다이내믹 범위를 조정합니다.

Curve : 연주 강도의 반응 폭을 조정합니다. 0의 값은 입력되는 강도 그대로 출력되고, 100은 입력 강도에 상관없이 최대 값으로 출력됩니다.

Vel Dyn : 입력되는 벨로시티를 증/감 합니다.

● Ambient Mics

드럼 연주는 직접음을 수음하는 다이렉트 마이크, 전체 사운드를 수음하는 오버헤드(OH), 공간의 울림을 수음하는 룸(Room)과 엠비언스(Amb) 마이크로 녹음을 하며, 각각의 레벨을 컨트롤합니다. 마이크 위치는 Kit 디스플레이에서 확인할 수 있으며, Flip LR은 좌/우 마이크를 바꾸고, Link는 믹서의 페이더로 엠비언스 마이크 레벨을 조정할 수 있게 연결합니다.

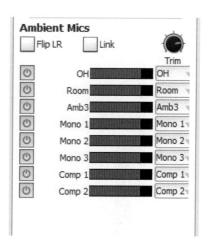

Model

Model 페이지는 Damping, Choke Response, Cymbal Swell, Articulations의 4가지 항목으로 구성되어 있으며, 스네어나 탐을 선택하면 Tom Resonance, 하이햇을 선택하면 Hihat Tighten 항목이 추가됩니다.

● Damping

드럼의 감쇄량을 조절합니다. 리얼 드럼의 경우 감쇄량을 조정하기 위해 담요나 테잎핑 처리를 하게 되는데, 이와 같은 것을 시뮬레이션하는 것입니다.

Amount : 감쇄량을 조절합니다.

Freq : 감쇄되는 주파수 대역을 설정합니다. 여기서 설정한 값 이상의 주파수 대역이 감쇄되는 것입니다.

Amb Ratio : 엠비언스 마이크의 감쇄 비율을 조정합니다.

● Choke Response

연속으로 연주하는 드럼의 감소 타임을 설정합니다. 기본값(Base)과 길이(Rnage)를 컨트롤 할 수 있으며, 타임을 적용할 악기를 그룹으로 분류할 수 있는 Choke Group 메뉴를 제공합니다.

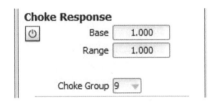

Tools 메뉴의 Show Preferences를 선택하면 열리는 창의 Engine 페이지 Fades 항목에서 기본값을 설정할 수 있습니다.

● Cymbal Swell

하이햇이나 심벌을 선택한 경우에 강도
를 조절할 수 있습니다. 조정 타입은 레
벨 미터 위쪽에 있는 메뉴에서 선택하
며, 적용 값은 Amount로 조정합니다.

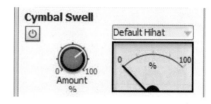

● Articulations

선택한 악기에서 연주되는 주법을 개별
적으로 컨트롤 합니다. 메뉴에서 컨트롤
하고자 하는 주법을 선택하고, Audition
버튼을 클릭하여 사운드를 모니터 할 수
있습니다.

Artic Trim : 레벨을 조정합니다.

Variance : 대쉬보드의 AMG 모드에 적용될 값을 조정합니다.

Vel to Pitch : 벨로시티에 따른 음정 변화 값을 조정합니다.

Vel to Damp : 벨로시티에 따른 감쇄량을 조정합니다.

● Tom Resonace

Kick, Snare, Tom의 공명 사운드(Res
Trim) 및 스필 사운드(Spill Trim)를 조
정합니다.

● Hihat Tighten

하이햇 감쇄량(Damping)과 피치(Pitch)
를 조정합니다.

06 믹서

Mixer 패널은 Export와 View의 두 가지 메뉴와 Faders, Effects, Sends, Tweaks 패널을 열 수 있는 4가지 탭, 그리고 채널을 추가하거나 패널을 확장할 수 있는 도구들로 구성되어 있습니다.

Faders

컴퓨터 뮤지션들에게 가장 익숙한 믹스콘솔로 각 채널의 볼륨이나 팬 등을 컨트롤 합니다.

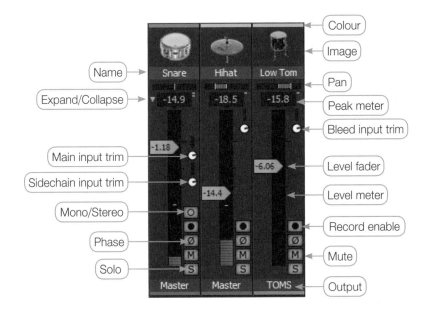

● Colour : 채널 유형을 색상으로 표시합니다. 드럼은 하늘색, 앰비언스는 녹색, 믹스 채널은 파란색, 보조 채널은 주황색, 마스터 채널은 빨간색 입니다.

● Image : 채널의 악기를 그림으로 표시하며, Alt 키를 누른 상태로 클릭하여 모니터 할 수 있습니다.

● Name : 채널 이름을 표시하며 더블 클릭으로 변경 가능합니다.

● Pan : 좌/우 사운드의 방향을 조정합니다.

● Expand/Collapse : Kick, Snare, Ambience의 서브 채널을 열거나 닫습니다.

● Peak meter : 볼륨 값을 표시하며, 오른쪽에 이펙트의 활성 여부를 표시하는 6개의 LED가 있습니다.

● Level fader : 레벨을 조정합니다.

● Level meter : 레벨을 시각적으로 표시합니다. 피크는 실선으로 유지되며, 클리핑이 발생할 경우에는 빨간색 LED가 표시됩니다.

● Bleed/Main/Side Chain Input trim : 블리드/메인/사이드체인 입력 레벨을 조정합니다. Bleed, Main, Sidechain Input은 View 메뉴의 Simple이 해제된 경우에만 표시됩니다.

● Mono/Stereo : 스테레오와 모노 채널을 전환합니다.

● Record enable : 익스포트를 개별 채널로 수행할 수 있게 합니다.

● Phase : 채널의 위상을 바꿉니다.

● Solo/Mute : 해당 채널을 솔로/뮤트 합니다. 솔로는 Shift 키를 누른 상태로 클릭하여 단독 모드로 설정할수 있습니다. 솔로가 활성화되면 Mini Mixer 왼쪽에 노란색 LED가 켜지며, Alt 키를 누른 상태로 클릭하여 단독 모드를 제외한 모든 채널의 솔로 버튼을 Off 시킬 수 있습니다.

● Output : 아웃풋을 선택합니다.

Effects

BFD는 Dynamics, Filters, Spatial, Effects, Utility, Legacy 등, 총 34가지의 이펙트를 제공하며, 하나의 트랙에서 6가지 장치를 동시에 적용할 수 있습니다. 믹서 패널의 Effects 탭은 트랙마다 이펙트를 선택할 수 있는 Name 항목과 사용 여부를 결정하는 Enable 버튼, 편집 창을 여는 Editor 버튼을 제공하지만, 실제로는 디스플레이 창의 Effects 탭에서 컨트롤 합니다.

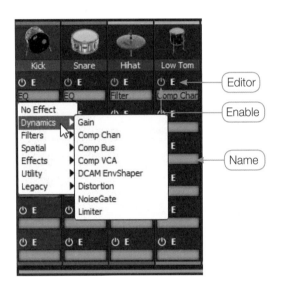

디스플레이 창의 Effects 탭은 트랙에 장착한 이펙트를 동시에 컨트롤할 수 있으며, 이펙트 적용 전/후의 사운드를 비교해볼 수 있는 Bypass 버튼을 제공합니다. 네비게이션 바에는 장착한 이펙트의 이름이 순서대로 표시되며, 드래그로 화면을 이동시킬 수 있습니다.

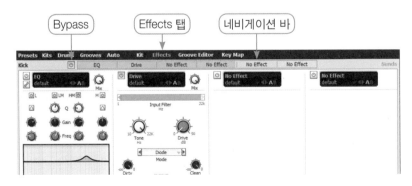

Selector 항목에서 이펙트를 선택할 수 있으며, 창에는 선택한 이펙트를 컨트롤할 수 있는 파라미터들이 열립니다. 입문자는 파라미터를 조정하여 사운드를 디자인하기 전에 Preset 항목에서 전문가들이 만들어놓은 것을 선택해보면서 원하는 사운드와 비슷한 것을 찾은 다음에 조금씩 변경해보는 것이 좋습니다.

자신이 만든 설정이 마음에 든다면 마우스 오른쪽 버튼을 클릭하여 단축 메뉴를 열고, Save Preset을 선택하여 저장합니다.

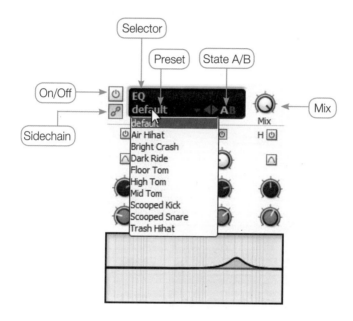

● Selector : 이펙트를 선택합니다.

● Preset : 전문가들이 만들어놓은 세팅 값을 선택합니다.

● State : A와 B로 두 가지 설정을 해놓고, 사운드를 비교할 수 있습니다.

● On/Off : 이펙트 적용 전/후의 사운드를 비교할 수 있습니다.

● Sidechain : 사이드 체인 기능을 가지고 있는 장치에서 제공되는 버튼이며, 이 기능을 On/Off 합니다.

● Mix : 이펙트 레벨을 조정합니다.

※ 파라미터는 장치마다 다르며, 본서에서 세부적인 설명은 생략합니다.

이펙트에 관한 학습은 〈믹싱과 마스터링〉 서적을 참조하기 바랍니다.

Sends

이펙트는 인서트 방식과 센드 방식으로 사용됩니다. Effects 탭에서 사용하는 것이 인서트 방식이며, Sends 탭에서 사용하는 것이 센드 방식입니다.

인서트는 채널에 직접 걸어서 사용하는 방식으로 해당 채널에만 영향을 주지만, 센드는 억스(Aux) 채널에 장착한 이펙트를 적용하는 것으로 하나의 장치를 여러 채널에서 동시에 사용할 수 있는 방식으로 동일한 공간감을 부여하거나 시스템 절약을 목적으로 사용합니다. 보통 EQ나 다이내믹 등, 사운드를 변조하는 장치들은 잘 사용하지 않고, 리버브나 딜레이 등의 타임 계열 장치를 주로 사용합니다.

BFD는 동시에 4개의 센드를 걸 수 있으며, Aux 트랙을 선택할 수 있는 Buss 항목과 On/Off 버튼, 레벨을 조정할 수 있는 Level 노브, 사이드 체인 기능을 On/Off 할 수 있는 Sidechain 버튼을 제공합니다. 그리고 센드 이펙트를 Effects 전에 걸 것인지, 후에 걸 것인지, 볼륨 페이더 후에 걸 것인지를 선택할 수 있는 P, FX, F 버튼을 제공합니다.

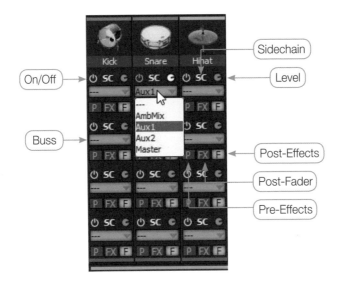

● 센드 이펙트

센드 이펙트는 엠비언스(AmbMix)와 마스터(Master) 채널을 포함하여 Aux 채널에 장착한 이펙트를 사용하는 것입니다. Aux 채널은 기본적으로 2개가 만들어져 있으며, 이름은 프리셋마다 다르게 표시됩니다. Aux 채널이 보이지 않는다면 View 메뉴의 Aux Channels가 체크되어 있는지 확인합니다.

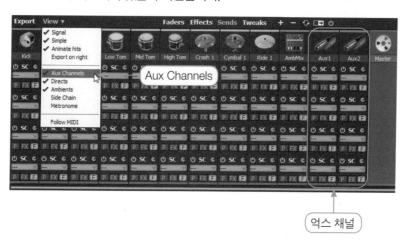

Aux 채널은 Add 버튼을 클릭하여 메뉴를 열고, Add Aux Channel을 선택하여 필요한 만큼 추가할 수 있습니다. Remove 버튼은 선택한 트랙을 삭제합니다.

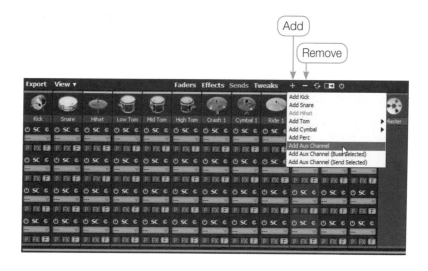

Aux 1 채널을 선택하고, Effects 탭에서 타임 계열의 장치를 선택합니다. 그림에서는
Spatial의 Breverb Hall을 선택하고 있습니다.

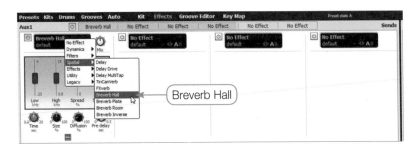

센드 이펙트도 디스플레이 창의 Effects 탭에서 컨트롤하는 것이 편합니다. Snare 트
랙을 선택하고 Effects 탭의 Sends 보기 버튼을 클릭하여 엽니다. 그리고 Dest 항목
에서 Aux 1을 선택하면 Snare 드럼에 Aux 1 채널의 Breverb Hall 효과가 적용되는 것
입니다. Kick 드럼을 선택하고 같은 방법으로 Sends의 Dest에서 Aux 1을 선택합니
다. 이와 같은 방법으로 하나의 장치를 여러 트랙에서 동시에 사용할 수 있으며, 동시
에 4개의 센드 이펙트를 사용할 수 있습니다. 각 트랙의 이펙트 양은 Level 노브로 조
정합니다.

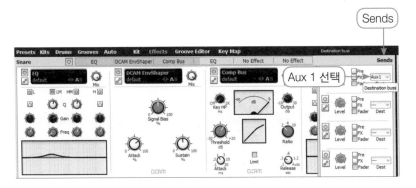

※ 고급 사용자에게 해당하는 얘기지만, 믹싱 작업을 할 때는 악기에서 제공하는 이펙
트는 모두 Off하고, 큐베이스나 로직과 같은 호스트 프로그램의 이펙트를 이용하는 것
이 일반적입니다. 결국, BFD의 이펙트를 컨트롤할 일은 거의 없으므로, 음악을 만들
때는 기본 프리셋을 그대로 사용해도 좋습니다.

Tweaks

레벨과 음정 등, 채널의 속성을 조정합니다. Tweaks 파라미터는 채널 종류에 따라 차이가 있습니다.

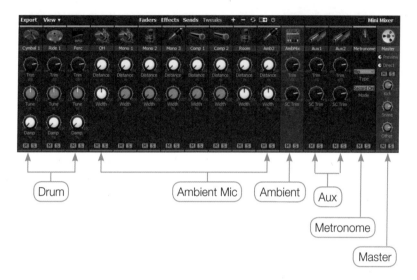

● Drum Channels

레벨(Trim), 음정(Tune), 댐핑(Damp)을 조정하는 파라미터는 Edit 창의 파라미터와 연결되어 있습니다. 서브 드럼 채널에도 같은 파라미터를 제공하고 있지만, 컨트롤은 되지 않습니다.

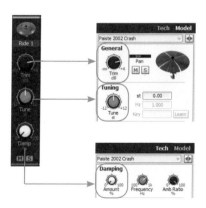

● Ambient Channels

Abmient와 Aux Channels은 주 레벨(Trim)과 사이드체인 레벨(SC Trim)을 조정할 수 있는 파라미터를 제공하고, Ambient Mic Channels은 마이크의 거리를 조정할 수 있는 Distance와 Width 파라미터들 제공합니다.

● Metronome Channel

Groove Editor에서 사용자 연주를 녹음할 때 사용할 메트로놈 소리(Type) 와 모드(Mode)를 설정할 수 있는 파라미터를 제공합니다.

● Master Channel

미리듣기(Preview), 마이크 채널(Driect), 킥 채널(Kick), 스네어 채널 (Snare), 그 밖의 드럼 채널(Other) 레벨을 조정할 수 있는 파라미터를 제공합니다.

Export

드럼 믹싱을 위해서는 악기를 채널 별로 분리하는 작업이 필요합니다. 보통은 멀티 채널로 진행을 하지만, BFD의 그루브를 이용할 때는 익스포팅 기능을 이용합니다. 두 가지 모두 살펴보겠습니다. 믹서 패널의 Export 메뉴를 선택하면 Groove Editor의 연주 패턴을 채널별로 저장할 수 있는 창이 열립니다.

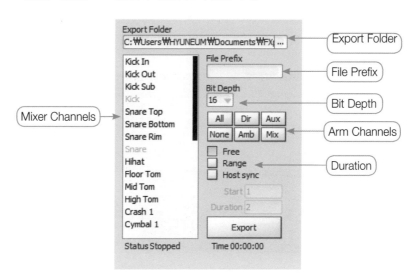

- ● Export Folder : 저장 위치를 선택합니다.
- ● Mixer Channels : 저장할 채널을 선택합니다.
- ● File Prefix : 파일 이름의 머리글을 입력합니다.
- ● Bit Depth : 샘플 비트를 선택합니다.
- ● Am Channels : 저장할 채널을 타입별로 선택합니다.
- ● Duration : 저장할 범위를 선택합니다.

Free - 익스포팅을 정지할 때까지

Range - Start와 Duration에서 설정한 범위

Host Sync - 호스트 프로그램에서 컨트롤

- ● Export : 원하는 채널을 선택하고, 버튼을 누르면 Stop으로 바뀌며, 트랜스포트의 Play 버튼을 클릭하면 오디오 파일 제작이 시작됩니다.

※ Export Folder에서 선택한 폴더로 저장된 채널별 오디오 파일은 큐베이스와 같은 호스트 프로그램으로 드래그하여 멀티 작업을 진행할 수 있습니다.

● 멀티 작업

음악 작업을 할 때 그루브 패턴을 이용하는 경우도 있지만, 대부분 호스트 프로그램에서 직업 연주하는 경우가 더 많습니다. 이때는 익스포팅 기능보다는 멀티 채널을 만들어 놓고, 작업을 합니다.

오른쪽 상단의 메뉴 버튼을 클릭하고, Activate Outputs에서 활성화시킬 채널을 선택합니다. BFD는 스테레오 8채널, 모노 16채널을 지원합니다.

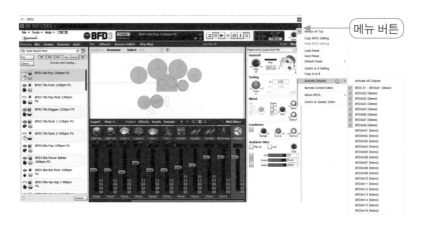

각 채널의 아웃에서 활성 채널을 선택합니다. 호스트 프로그램에는 활성화시킨 채널이 생성되어 있으며, 채널별 믹스 작업을 진행할 수 있습니다.

07 그루브 에디터

아무리 세계적인 드러머의 연주라고 해도 내 곡에 어울리지 않으면, 필요가 없을 것입니다. BFD는 자체적으로 패턴을 편집할 수 있는 Groove Editor를 제공하고 있어 내 곡에 어울리게 수정할 수 있습니다. 에디터도 큐베이스나 로직에서 제공하는 피아노 창과 비슷하여 쉽게 사용할 수 있습니다.

기본적으로 프리셋을 열면 해당 음색으로 연주된 그루브 패턴이 열립니다. 악기 음색을 유지한 상태로 패턴만 변경하고자 한다면, Groove 탭에서 원하는 장르의 팔레트를 더블 클릭합니다. 에디터 창은 Groove Eidtor 탭을 선택하여 열 수 있으며, 화면은 Editor를 중심으로 왼쪽에 Browser, 오른쪽에 Palette, 아래쪽에 Track과 FX로 구성되어 있습니다. 연주 및 녹음 컨트롤은 Transport 버튼으로 제어하며, 팔레트(Palette) 패턴을 연주할 것인지, 트랙(Track)을 연주할 것인지, 연주를 하지 않을 것인지(Grv.Off)는 Auto Play에서 선택합니다.

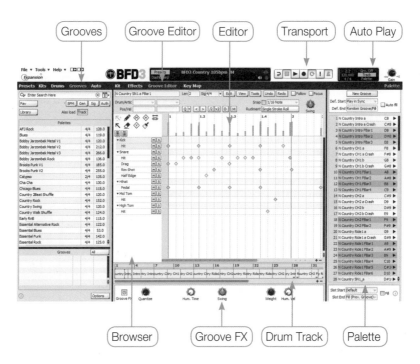

Grooves

브라우저 창의 Grooves 탭을 선택하면 상단에 팔레트 연주, 하단에 그루브 연주 목록
이 제공되는 창이 열립니다. 목록에 마우스를 위치하면 표시되는 Play 버튼을 클릭하
여 미리 들어볼 수 있고, 마우스 더블 클릭으로 로딩합니다.

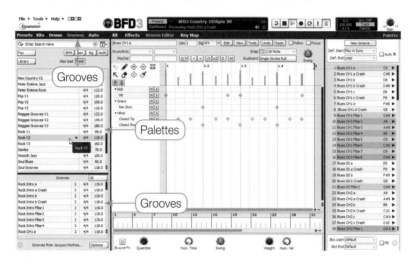

BPM, Gen, Sig, Auth 필터 버튼을 제공하며, 검색 창의 필터 버튼을 클릭하면 각각의
필터 카테고리로 원하는 장르의 리듬을 쉽게 찾을 수 있습니다.

Options 버튼을 클릭하면 패턴을 선택할 때 미리 듣기가 실행되게 할 것인지 . 등의 옵션을 선택할 수 있는 메뉴를 볼 수 있으며, Info 버튼을 클릭하면 선택한 패턴의 정보를 확인할 수 있습니다. 로딩한 팔레트의 정보는 Palette 패널의 Info 버튼으로 확인 가능합니다.

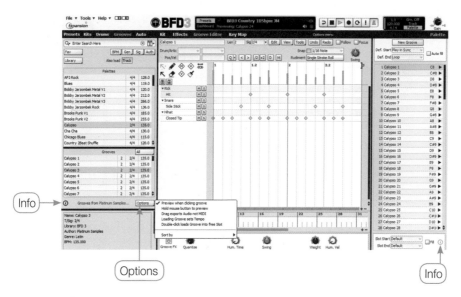

〈Options〉

● Preview when clicking groove : 그루브를 선택할 때 미리 듣기가 실행됩니다. 팔레트의 경우에는 Play 버튼을 클릭하거나 마우스 버튼을 누르고 있는 동안에만 미리 듣기가 가능합니다.

●Hold mouse button to preview : 그루브 패턴을 누르고 있는 동안에만 미리 듣기가 실행됩니다.

● Drag exports Audio not MIDI : 그루브 패턴을 호스트 프로그램로 드래그하여 임포팅 할 때 오디오 파일로 만듭니다. 옵션이 해제되어 있을 때는 미디 파일로 임포딩됩니다.

● Loading Groove sets Tempo : 패턴을 로딩할 때 템포가 설정되게 합니다. 단, 플러그-인으로 사용할 때는 의미 없습니다.

● Double-click loads Groove into free Slot : 더블 클릭하면 오른쪽 팔레트 목록 아래쪽에 로딩됩니다. 옵션이 해제되어 있을 경우에는 선택한 팔레트가 교체됩니다. 물론, 드래그로 로딩하는 것도 가능합니다.

Palette

Groove Editor 창 오른쪽의 Palette는 로딩한 팔레트의 그루브가 슬롯으로 표시되며, 선택한 그루브는 에디터 창에 표시됩니다. 슬롯 상단에는 Default Actions이 있고, 하단에는 Slot Actions이 있습니다.

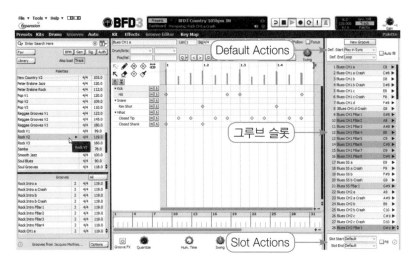

● Default Action

그루브 연주의 기본 동작 상태를 선택합니다. New Groove 버튼은 새 그루브를 만들수 있는 빈 에디터 창을 엽니다. 그루브가 선택되어 있는 경우에는 이벤트가 모두 삭제되므로, 빈 슬롯을 선택합니다. Auto fill 옵션을 체크하면 16 마디 단위로 필인을 연주 합니다.

Def.Start - 연주 시작 위치의 동작 상태를 설정합니다.

Immediate : 위치에 상관없이 바로 시작됩니다.

Play in Sync : 현재 위치에서 시작됩니다.

Next Beat : 다음 비트에서 시작됩니다.

Next Bar : 다음 마디에서 시작됩니다.

End of Groove : 현재 그루브의 끝에서 시작됩니다.

Def.End - 연주 끝 위치의 동작 상태를 설정합니다.

Stop : 연주 정지

Loop : 반복 연주

Random Groove : 임의의 그루브 연주

Random Groove/Fill : 임의의 그루브 또는 필인 연주

Down : 아래 목록 연주

Up : 위 목록 연주

● Slot Action

선택한 그루브 연주의 동작 상태를 설정합니다. Fill 옵션을 체크하면 필인으로 등록되며, 녹색으로 표시됩니다.

Default Action의 Auto fill은 Prefernaces 창 Sesson 탭의 Auto-fill period에 설정되어 있는 마디 수 간격이며, 기본 설정은 16마디 입니다.

Palette의 연주 모드는 Palette Auto-Play mode에서 선택하며, Current는 선택한 목록, Groove는 Palette Auto-Play Groove에서 지정한 목록, Random은 무작위 연주 입니다.

Preferences는 Tools 메뉴의 Show Preferences를 선택하여 열 수 있습니다.

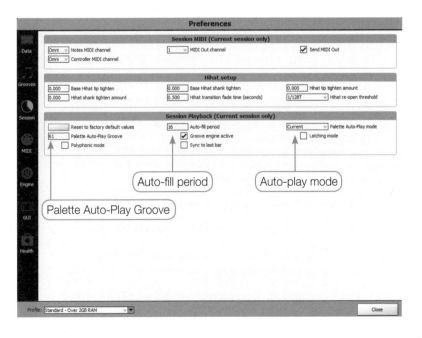

Groove Editor

선택한 그루브를 편집하거나 새 그루브를 만들 수 있습니다. 큐베이스나 로직의 피아
노 에디터와 비슷하기 때문에 별다른 설명이 필요 없겠지만, 입문자를 위해 살펴보겠
습니다.

● Edited Groove

선택한 그루브 및 이벤트를 편집할 수 있는 항목들로 구성되어 있습니다.

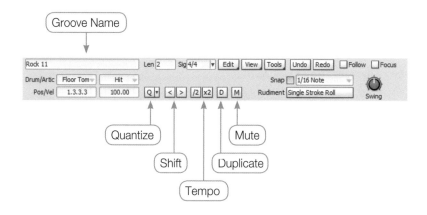

Groove Name : 선택한 그루브의 이름을 표시하며, 변경 가능합니다.

Drum/Artic : 선택한 이벤트의 악기와 주법을 표시하며, 변경 가능합니다.

Pos/Vel : 선택한 이벤트의 위치와 벨로시티를 표시하며, 변경 가능합니다.

Len : 전체 길이를 마디 단위로 표시하며, 변경 가능합니다.

Sig : 박자를 표시하며, 변경 가능합니다.

Edit : 편집 메뉴 입니다.

- Select all Events : 모든 이벤트를 선택합니다.

- Cut selected Events : 선택한 이벤트를 잘라냅니다.

- Copy selected Events : 선택한 이벤트를 복사합니다.

- Clear selected Events : 선택한 이벤트를 삭제합니다.

- Paste Events : 복사한 이벤트를 송 포지션 라인 위치에 붙입니다.

- Clear close Events : 겹친 이벤트 중에서 벨로시티가 약한 것을 삭제합니다.

View : 보기 메뉴 입니다.

- Show Snap Hints : 이벤트를 편집할 때 스냅 라인에 일치되는 검정색 라인을 표시합니다.

- Show Expanded Groove FX : Groove FX 창을 확장 합니다.

- Show Drums : 표시할 드럼을 선택할 수 있는 서브 메뉴를 제공합니다.

- Show Articulations : 표시할 주법을 선택할 수 있는 서브 메뉴를 제공합니다.

- Auto collapse when expanding Event lanes : 특정 드럼을 확장할 때 다른 악기는 축소 합니다.

- List Drums bottom to top : 드럼 리스트를 반대로 표시합니다. Kick이 맨 아래 표시되는 것입니다.

Tools : 툴 메뉴 입니다.

Apply FX to selected Grooves : 효과 설정을 선택한 이벤트에 적용합니다.

Apply FX to all Grooves in Palette : 효과 설정을 모든 이벤트에 적용합니다.

Drag exports Audio not MIDI : 그루브를 호스트 프로그램으로 드래그할 때 오디오 파일로 만듭니다.

Preview Events during editing : 이벤트를 편집할 때 소리가 들립니다.

Hold mouse to preview : 그루브 목록에서 마우스를 누르고 있는 동안에만 모니터 할 수 있게 합니다.

Move/copy Slot actions with Grooves : 슬롯을 편집할 때 Actions도 이동/복사되게 합니다.

Undo : 이전 작업을 취소합니다.

Redo : 취소한 작업을 복구합니다.

Follow : 트랙을 재생 위치에 따라 이동되게 합니다.

Focus : 편집 창에 재생 중인 그루브를 표시합니다.

Quantize : 이벤트를 스냅 라인에 정렬합니다. 오른쪽의 역삼각형 버튼을 클릭하면 정렬 정도를 지정할 수 있습니다.

Shift : 이벤트를 왼쪽 또는 오른쪽 스냅 라인으로 이동시킵니다.

Tempo : 템포를 두 배로 늘리거나 (/2), 줄입니다(x2)

Duplicate : 선택한 이벤트를 복제합니다.

Mute : 선택한 이벤트를 뮤트 합니다.

Snap : On하면 이벤트가 스텝 라인 단위로 편집되며, Off 하면 미세한 편집이 가능합니다. 스넵 단위는 메뉴에서 선택합니다.

Rudiment : 페인트 툴을 이용해서 입력할 주법을 선택합니다. Rolls, Diddles, Flams, Drags 주법을 미리 들어볼 수 있는 재생 버튼을 제공합니다.

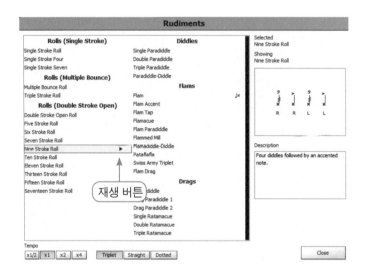

Swing : 스넵 라인의 업 비트 위치를 조정하여 스윙 리듬을 만들 수 있게 합니다.

● Tools

이벤트를 입력하거나 편집하는 도구로 마우스 왼쪽과 오른쪽 버튼에 각각 할당할 수 있습니다. 상단 왼쪽에서부터 Multi, Draw, Mute, Humanize, Stretch, Select, Erase, Velocity, Paint, Collapse, Expand 툴 입니다.

Multi Tool

멀티 툴은 데이터를 입력하는 연필 툴, 뮤트하는 뮤트 툴, 선택하는 셀렉트 툴 등의 다양한 역할을 하는 종합 툴 입니다.

〈선택/이동/복사〉

이벤트를 클릭하거나 드래그하여 선택할 수 있습니다. 선택한 이벤트는 드래그로 이동 하거나 Alt 키를 누른 상태로 드래그하여 복사할 수 있습니다.

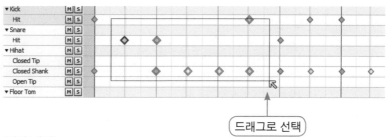

드래그로 선택

〈입력/삭제〉

Alt 키를 누른 상태로 왼쪽 버튼을 클릭하여 이벤트를 입력하거나 오른쪽 버튼을 클릭 하여 삭제할 수 있습니다.

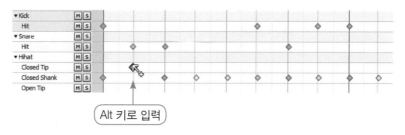

Alt 키로 입력

〈벨로시티〉

마우스 오른쪽 버튼을 클릭한 상태로 위/아래로 드래그하면, 벨로시티를 조정할 수 있습니다.

오른쪽 버튼으로 벨로시티 조정

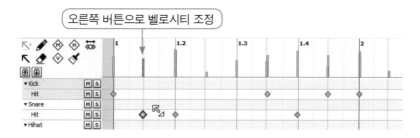

Draw Tool

연필 툴은 이벤트를 입력할 때 사용합니다. 마우스 클릭으로 이벤트를 입력할 수 있으며, 클릭한 상태로 좌/우로 드래그하여 위치를 조정할 수 있고, 위/아래로 드래그하여 벨로시티를 조정할 수 있습니다. 이벤트를 선택하거나 이동시키는 목적으로 사용 가능하며, Alt 키를 누른 상태로 드래그하면 다수의 이벤트를 선택할 수 있습니다.

Mute Tool

뮤트 툴은 이벤트를 뮤트 시킬 때 사용합니다. 마우스 클릭 및 드래그로 이벤트를 뮤트할 수 있으며, 이벤트는 흰색으로 표시됩니다. 뮤트한 것을 선택하면 다시 활성화 됩니다.

Humanize Tool

휴머니즘 툴은 이벤트의 위치와 벨로시티를 무작위로 변경하여 인간적인 연주를 시뮬레이션 합니다. 클릭 및 드래그로 이벤트를 선택하고, 위/아래로 드래그하면 벨로시티가 무작위로 변경되고, 좌/우로 드래그하면 위치가 무작위로 변경됩니다.

Stretch Tool

스트레치 툴은 이벤트의 간격을 늘리거나 줄이는 것으로 점점 빠르게 또는 점점 느리게와 같은 연주를 쉽게 만들 수 있습니다.

이벤트 간격을 조정하기 전에 룰러 라인을 클릭하여 스트레치 마커를 만듭니다. 다시 클릭하면 삭제 됩니다.

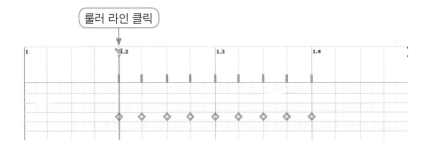

이벤트를 마우스 드래그로 선택하고, Atl 키를 누른 상태로 오른쪽으로 드래그하면 점
점 빨라지는 연주가 만들어지고, 왼쪽으로 드래그하면 점점 느려지는 연주가 만들어
집니다.

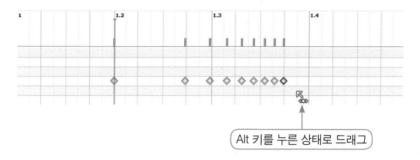

Alt 키를 누른 상태로 드래그

Select Tool

셀렉트 툴은 클릭 및 드래그로 이벤트를 선택 합니다. 선택한 이벤트를 드
래그로 이동하거나 Alt 키를 누른 상태로 드래그하여 복사할 수 있습니다.

Erase Tool

지우개 툴은 클릭 및 드래그로 이벤트를 삭제합니다.

Velocity Tool

벨로시티 툴은 클릭 및 드래그로 이벤트를 선택하고, 위/아래로 드래그하여
벨로시티를 조정합니다.

Paint Tool

페인트 툴은 Rudiments에서 선택한 주
법을 입력합니다. 악기를 마우스 오른
쪽 버튼으로 클릭하여 페이트 툴을 표
시하고, 다른 악기에서 드래그하면, 두
악기의 연주 패턴이 입력됩니다.

페인트 툴

Collapse / Expand Tool

악기 이름 왼쪽의 작은 삼각형을 클릭하여 주법 라인을 열거나 닫을 수 있는데, Collapse 및 Expand 툴을 이용하면 모든 악기의 주법 라인을 열거나 닫습니다.

● 룰러 및 벨로시티 라인

마디, 박자, 벨로시를 표시합니다.

마디와 박자 위치에서 마우스를 좌/우로 드래그하면, 위치를 이동할 수 있고, 위/아래로 드래그하면 확대/축소 할 수 있습니다.

엔드 마커를 드래그하여 길이를 조정할 수 있습니다.

벨로시티 바를 위/아래로 드래그하여 값을 조정할 수 있으며, Alt 키를 누른 상태로 드래그하면 라인 타입으로 조정 가능합니다.

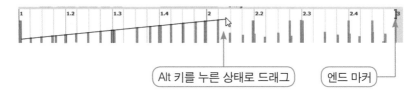

● Groove FX

이벤트의 타임이나 벨로시티를 조정하여 휴머니즘 효과를 만듭니다.

View 메뉴의 Show Expanded Groove FX를 선택하여 전체 파라미터를 표시할 수 있으며, 설정 효과는 Tools 메뉴의 Apple FX to selected Grooves(선택 그루브) 또는 Apply FX to all Grooves in Palette(팔레트 전체 그루브)를 선택하여 이벤트에 적용할 수 있습니다. 파라미터는 On/Off 버튼, 퀀타이즈, 타임, 스윙, 벨로시티, 심플 섹션으로 구성되어 있습니다.

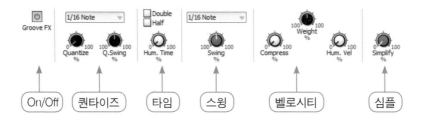

On/Off : 효과를 On/Off 합니다.

Quantize : 위에 타입 메뉴에서 선택한 단위를 기준으로 이벤트를 정렬합니다.

Q. Swing : 업 비트의 위치를 정렬합니다.

Double : 속도를 두 배 빠르게 만듭니다.

Half : 속도를 두 배 느리게 만듭니다.

Hum. Time : 타임이 무작위로 조정되게 합니다.

Swing : 이벤트를 스윙 리듬으로 만듭니다.

Weight : 벨로시트의 범위를 조정합니다.

Compress : 강하게 연주되는 이벤트의 벨로시티를 줄입니다.

Hum. Vel : 벨로시티가 무작위로 조정되게 합니다.

Simplify : 약하게 연주되는 이벤트 또는 빠른 간격으로 연주되는 이벤트를 뮤트하여 심플한 연주를 만듭니다.

● Track

그루브를 배치하여 드럼 연주 트랙을 만들 수 있습니다. 배치한 파트는 마우스 드래그로 이동 가능하며, 시작과 끝 위치를 드래그하여 길이를 조정할 수 있습니다. 파트를 자를 때는 마우스 오른쪽 버튼을 클릭하여 단축 메뉴를 열고, Split Part at Marker를 선택합니다. 실제로는 큐베이스나 로직 등의 트랙으로 드래그하여 배치하기 때문에 사용 빈도는 적습니다.

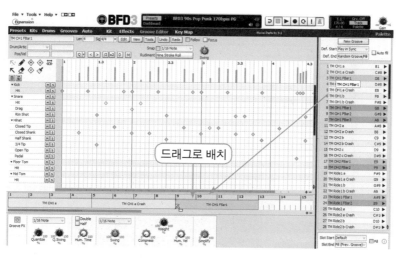

08 키 맵

드럼 패드를 이용해서 VST Drums을 연주할 때 가장 먼저 해야 하는 작업이 키 맵입니다. 각 패드로 연주할 드럼 악기를 연결하는 작업을 키 맵이라고 합니다.

Key Map 탭을 선택하면 기본적으로 연결되어 있는 노트를 확인할 수 있습니다. 왼쪽에는 각 노트에 연결되어 있는 드럼 악기를 세로 건반 타입으로 표시하고 있고, 킷 디스플레이 아래쪽에는 가로 건반 타입으로 표시하고 있으며, 각각 스크롤 바를 드래그하여 위치를 조정할 수 있습니다.

건반 색상은 4가지 입니다. 주황색은 하나 이상의 주법이 연결되어 있는 상태,
녹색은 그루브가 연결되어 있는 상태, 빨간색은 초크(Choke) 연결 노트, 파란색은 선택한 드럼에 연결되어 있는 노트를 나타냅니다.
화면 오른쪽에는 연결 작업을 진행할 수 있는 맵핑 창을 제공하며, MIDI Channel에서 수신 채널을 지정할 수 있습니다. 기본은 모든 채널을 수신할 수 있는 Omni 입니다.

자동 맵핑

드럼 패드를 연결하는 방법은 자동과 수동이 있습니다. 자동은 킷 디스플레이에서 악기를 선택합니다. 맵핑 창의 Artic 목록에서 주법을 선택하고, Learn Single 버튼을 클릭합니다.

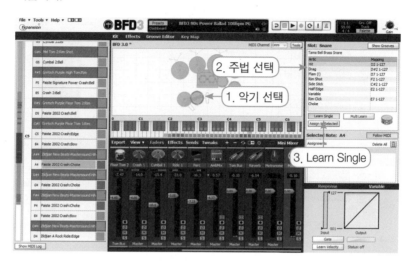

드럼 패드에서 원하는 패드를 누르면 자동으로 연결됩니다. 이 과정을 패드마다 반복하여 사용자가 원하는 패드 맵핑을 완성할 수 있습니다.

수동 맵핑

왼쪽 또는 중앙의 건반에서 노트를 선택합니다. Assignements의 Follow MIDI 버튼이 On으로 되어 있는 상태에서 패드를 눌러도 됩니다. Artic 목록에서 주법을 선택하고, Assign to Selected 버튼을 누르면 연결됩니다.

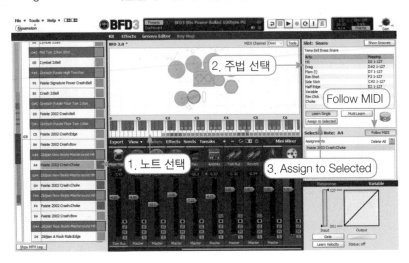

주법을 Assignments 패널 또는 건반으로 드래그하여 연결하는 것도 가능합니다. Alt 키를 누른 상태에서 드래그하면 멀티로 연결되며, Artic 목록에서 Shift 키를 누른 상태로 2개 이상의 주법을 선택하여 드래그하는 방법도 있습니다.

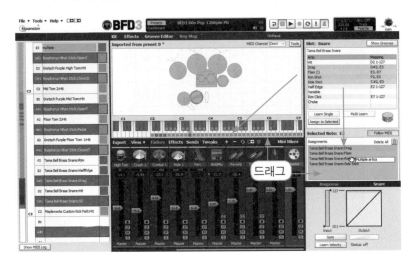

멀티 및 그루브 맵핑

Artic 리스트를 순서대로 연결하고 싶은 경우에는 Multi Learn 버튼을 클릭하여 On으로 놓고, 패드를 차례로 누릅니다.

Multi Learn 기능은 드럼을 연결할 때 보다 그루브를 연결할 때 유용합니다. 그루브는 Show Grooves 버튼을 클릭하면 볼 수 있으며, Learn Single 또는 Assign to Selected 연결 방법도 앞에서와 동일합니다.

fxpansion BFD

패드 감도 조정

Response은 사용자마다 다른 패드 연주 강도를 조정합니다.

Learn Velocity 버튼을 On으로 하
고, 패드를 연주하면 사용자의 강도
가 감지되어 Input 범위가 자동으로
설정됩니다.

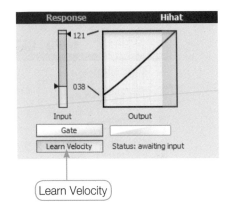

Output의 벨로시티 범위는 마우스
드래그로 조정할 수 있으며, Gate
버튼을 On으로 하면 Input 범위 밖
의 세기는 무시됩니다.

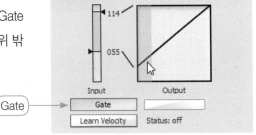

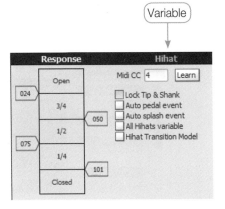

Variable 탭은 Hihat의 Closed와
Open 간격을 미디 컨트롤러로 제
어할 수 있게 합니다. 컨트롤러는
Learn 버튼을 On으로 놓고, 사용하
고 있는 제품의 노브 및 슬라이더를
움직여 연결합니다.

오토메이션

드럼 패드는 제품에 따라 파라미터를 컨트롤할 수 있는 노브 및 슬라이더를 갖춘 것들이 있습니다. Auto 탭에서 Learn 버튼을 On으로 하면 제어 가능한 파라미터가 표시되며, 원하는 파라미터를 선택하고, 컨트롤러의 노브 및 슬라이더를 움직이면 연결됩니다.

파라미터 선택

사용자 키맵은 File 메뉴의 Save Key+Automation Maps 또는 Save Key Map을 선택하여 저장할 수 있으며, 언제든 Load Key Map from file 또는 Import Key Maps을 선택하여 불러올 수 있습니다. Load Key Map을 선택하면 제품마다 설정되어 있는 키맵을 로딩 할 수 있습니다.

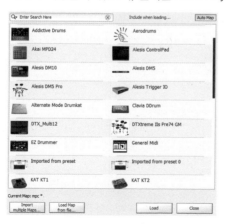

Part 03

NI Battery

01 레이아웃

Battery는 가상 악기 1순위의 Kontakt을 제작한 Native Instruments 사의 VST Drums 입니다. 보통 Kontakt을 단독으로 사용하는 경우보다는 패키지 상품인 Komplete를 사용하는 사람이 더 많으며, Battery가 포함되어 있기 때문에 추가 구매가 필요 없습니다. 물론, 단독 구매도 가능한 상품입니다.

Battery는 셀 타입의 직관적인 인터페이스로 사용법이 쉽고 간결하며, 일렉트로닉 댄스 및 힙합 음악에 가장 어울린다는 평가를 받고 있습니다. 그러나 이것은 버전 4에서 새롭게 추가된 라이브러리에 대한 평가일 뿐, 실제로는 음악 장르에 구분없이 사용할 수 있는 143개의 Kit을 제공하고 있으며, MPC를 비롯한 대부분의 오디오 샘플 포맷을 지원하는 드럼 샘플러 입니다.

화면은 셀 매트릭스를 기준으로 왼쪽에 브라우저, 위쪽에 툴바, 아래쪽에 선택한 셀의 편집 기능을 제공하는 창으로 구성되어 있습니다.

02 툴 바

Kit 관리, 마스터 레벨 조정, 템포 등, Battery의 제어 도구를 제공합니다.

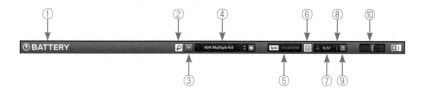

① Logo : 왼쪽에 소프트웨어 이름(Battery) 또는 오른쪽에 제작사 로고(NI)를 클릭하면 버전 및 라이선스 정보를 확인할 수 있는 창이 열립니다. 열린 창을 클릭하면 닫힙니다.

② 브라우저 버튼 : 화면 왼쪽의 브라우저 창을 닫거나 엽니다.

③ 메뉴 버튼 : File, Edit, Cell Matrix, Help의 메뉴를 제공합니다.

3-1. File : Kit을 저장하거나 불러올 수 있는 서브 메뉴를 제공합니다.
- New Klt - 새로운 Kit을 만들 수 있게 모든 셀을 비웁니다.
- Open Kit - Kit을 불러올 수 있는 열기 창이 열립니다.
- Open Recent - 최근에 열었던 Kit 목록을 선택하여 불러올 수 있습니다.
- Save Kit - 새로 구성한 Kit을 저장합니다.
- Save Kit As - 열려 있는 Kit을 다른 이름으로 저장합니다.

3-2. Edit : 환경을 설정할 수 있는 Preferences 서브 메뉴를 제공합니다.
Battery를 Stand-alone 모드로 실행한 경우에는 오디오 및 미디 환경을 설정할 수 있는 Audio and MIDI Settings 메뉴가 제공되지만, Plug-in 모드로 사용하는 것이 일반적이므로, Preferences 창의 옵션만 살펴보겠습니다.

▶ General : 셀 편집 및 트리거 옵션을 설정할 수 있습니다.

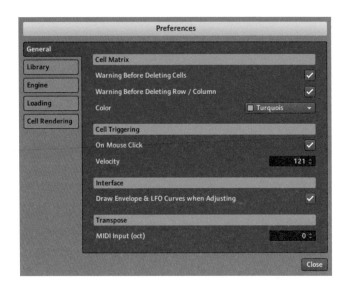

- Warning Before Deleting Cells : 셀을 삭제할 때 확인 창이 열리게 합니다.
- Warning Before Deleting Row/Column : 행 또는 열을 삭제할 때 확인 창이 열리게 합니다.
- Default Color : 셀의 기본 색상을 선택합니다.

- On Mouse Click : 마우스로 셀을 클릭할 때 사운드를 모니터할 수 있게 합니다.
- Velocity : 마우스 클릭할 때의 벨로시티 값을 설정합니다.

- Draw Envelope & LFO Curves when Adjusting : 편집 창에서 Envelope와 LFO를 조정할 때 정보 창 디스플레이에 그래프를 표시합니다.

- MIDI Input (oct) : 미디 입력을 옥타브 단위로 조정합니다. 수가 적은 건반을 이용할 때 유용합니다.

▶ Library : 라이브러리를 관리합니다.

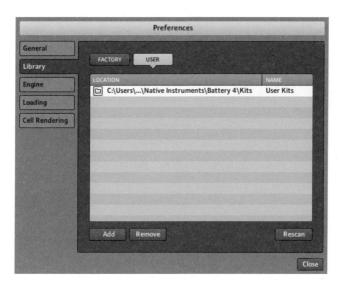

● Factory : 기본 라이브러리가 저장되어 있는 위치를 표시하며, Rescan 버튼
을 클릭하여 재검색 할 수 있습니다.

● User : 사용자 라이브러리가 저장되는 위치를 표시하며, Add 버튼으로 추가
하거나 Remove 버튼으로 삭제할 수 있습니다.

▶ Engine : 오디오 엔진에 관한 옵션을 제공합니다. Stand-alone 모드로 실행 했을 때에만 적용되며, 큐베이스나 로직에서 Plug-in 모드로 사용할 때는 의미 없는 옵션입니다.

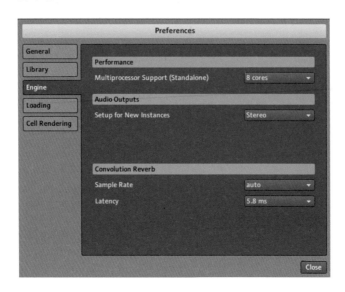

● Multiprocessor Support : 사용자 컴퓨터에 설치되어 있는 CPU 코어 수를 설정합니다.

● Setup for New Instances : 채널 수를 설정합니다. 기본 설정은 스테레오 16 채널입니다.

● Sample Rate : 편집 창의 마스터(Master) 페이지에서 리버브(Reverb) 모듈에 대한 샘플 레이트를 선택합니다.

● Latency : 리버브(Reverb) 모듈에 대한 레이턴시를 선택합니다.

▶ Loading : 샘플을 불러오는 방식을 선택합니다.

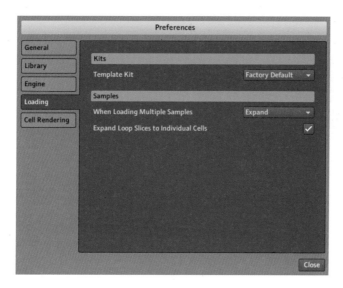

• Template Kit : 배터리를 실행할 때 셀이 비어있는 상태로 열리게 할 것인지(Set to Factory Default), 마지막에 사용한 Kit이 열리게 할 것인지(Set to Current Kit)를 선택합니다.

• When Loading Multiple Samples : 여러 개의 샘플을 로딩할 때 한 개의 셀에 레이어로 만들 것인지(Merge in One Cell), 개별적인 셀로 나눌 것인지(Expand over Multiple Cells)을 선택합니다.

• Expand Loop Slices to Individual Cells : 슬라이스 정보를 포함하고 있는 REX, ACID 등의 파일을 불러올 때, 각각의 조각을 셀로 분리할 것인지의 여부를 선택합니다.

▶ Cell Rendering : 셀의 샘플을 렌더링할 때 적용되는 옵션입니다.

- Note Number : 키 레인지가 넓은 경우에 키 트랙 기준을 선택합니다.
- Note Length : 노트의 길이를 결정합니다.
- Velocity : 벨로시티 값을 결정합니다.

- File Format : 렌더링 포맷을 선택합니다.
- Sample Rate : 샘플 레이트 값을 선택합니다.
- Bit Depth : 샘플 비트 값을 선택합니다.

3-3. Cell Matrix : 셀 레이아웃을 변경할 수 있는 서브 메뉴를 제공합니다.
- Size - 가로와 세로의 셀 수를 선택합니다. 패드 컨트롤러 사용을 위해 4x4 킷을 만들어 User 라이브러리로 저장합니다.
- Add Row - 아래쪽에 행을 추가합니다.
- Delete Last Row - 아래쪽 행을 제거합니다.
- Add Column - 오른쪽에 열을 추가합니다.
- Delete Last Column - 오른쪽 열을 제거합니다.

3-4. Help : 매뉴얼, 홈페이지 링크, 버전 정보 등의 서브 메뉴를 제공합니다.

④ 킷 창 : Kit 이름을 표시합니다. 위/아래 방향키를 클릭하여 이전/다음 Kit을 불러올 수 있습니다. Find 버튼은 불러온 Kit의 카테고리를 찾아줍니다.

⑤ 템포 창 : 재생 속도를 표시합니다. 마우스 드래그 및 더블 클릭으로 변경 가능합니다. BPM 문자에 마우스를 가져가면 TAP으로 표시되며, 마우스 클릭 속도로 템포를 설정할 수 있습니다. 특별한 이유가 없다면, Sync 버튼을 On으로 하여 호스트 프로그램 템포에 따르게 합니다.

⑥ 미디 버튼 : 미디 노트를 연주할 때 셀이 자동으로 선택되게 합니다.

⑦ 보이스 창 : 왼쪽의 수는 연주되는 노트의 수를 표시하며, 오른쪽의 수는 연주 가능한 최대 노트 수를 표시합니다. 최대 노트 수는 마우스 드래그로 변경 가능하며, 값이 높을수록 시스템 자원을 더 사용합니다.

⑧ CPU 미터 : 시스템 사용량을 표시합니다.

⑨ 패닉 버튼 : 에러가 발생했을 때 이 버튼을 클릭하여 오디오 엔진을 초기화 시킬 수 있습니다.

⑩ 레벨 미터 : 출력 레벨을 표시합니다. 빨간색의 피크 경고가 보이면, 슬라이더를 드래그하여 출력 레벨을 줄입니다.

03 브라우저

Library, Files, Automation의 3가지 탭으로 구성되어 있습니다. 기본적으로 열려있는
Library 탭은 Battery에서 제공하는 Kit 목록이 표시되며, 마우스 더블 클릭으로 불어
올 수 있습니다.

Kit을 불러오면 셀 마다 샘플 이름이 표시되며, 마우스 클릭 또는 마스터 건반을 연주
하여 각각의 샘플 사운드를 모니터 할 수 있습니다.

- Library : Kits과 Samples 목록을 표시하며, 검색하고 로딩할 수 있습니다.

- Files : 배터리 전용 탐색기로 사용자 시스템에서 샘플 파일이나 배터리 Kit을 검색
  하고 로딩할 수 있습니다.

- Automation : 배터리에서 제공하는 다양한 파라미터를 미디 컨트롤러에 연결할
  수 있습니다.

01. 라이브러리는 기본적으로 Factory 폴더의 Kits 목록이 표시되며, Kits에는 Drums, Percussion, Sound Effecs의 카테고리가 제공됩니다. 카테고리는 해당 Kits 목록만 표시되게 하는 역할입니다.

NI Battery

02. Drums 카테고리를 선택하면, Acoustic Drum Kit, Analog Drum Kit 등으로 분류된 서브 카테고리를 볼 수 있습니다. 해당 사운드의 Kits 목록이 표시되게 하여 좀 더 쉽게 원하는 Kits을 찾을 수 있습니다. 2개 이상의 카테고리를 선택하고 싶은 경우에는 Ctrl 키를 누른 상태로 버튼을 클릭합니다.

03. 자주 사용하는 Kits이 있는데, 이름의 일부만 생각이 날 때 찾을 수 있는 검색 창을 제공합니다. 검색 창에 입력한 문자를 포함하고 있는 Kit 목록이 모두 표시되며, X 버튼을 클릭하여 검색을 취소할 수 있습니다.

04. Samples에는 오디오 샘플 목록이 표시되며, Kits와 같은 구조의 카테고리를 제공합니다. 아래쪽의 모니터 버튼을 On으로 하면 선택한 샘플을 들을 수 있고, 모니터 볼륨은 오른쪽의 슬라이더로 조정합니다.

볼륨 슬라이더

모니터 버튼

05. 샘플은 셀로 드래그하여 로딩할 수 있습니다. 이미 샘플이 있는 셀은 변경됩니다. 비어있는 New Kit 상태에서 자신이 좋아하는 샘플로 Kit을 구성하거나 Factory kit에서 마음에 안 드는 것들을 교체하여 자신만의 Kit을 만들 수 있는 것입니다. 참고로 모니터 버튼 왼쪽의 reload 버튼을 On으로 해놓으면, 선택된 셀의 샘플이 Samples 목록에서 선택한 것으로 자동 교체됩니다.

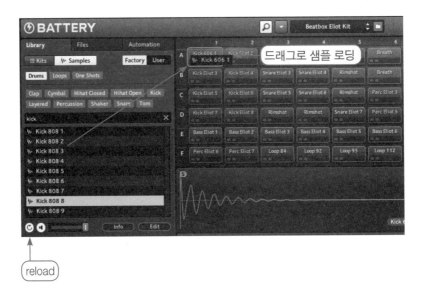

드래그로 샘플 로딩

reload

Info 창

06. 볼륨 슬라이더 오른쪽의 Info 버튼을 On으로 하면 선택한 Kit 또는 Sample의 정보를 확인할 수 있는 창이 열립니다.

카테고리 선택

07. Edit 버튼을 클릭하면 선택한 Kit의 카테고리를 편집할 수 있는 Type 탭이 열립니다. Factory Kit은 읽기 전용으로 잠겨있는 상태이며, 굳이 편집할 이유도 없지만, 사용자가 만든 Kit은 나중에 쉽게 검색할 수 있게 카테고리를 구분해 놓는 것이 좋습니다.

메모

08. Properties 탭에서는 이름, 색상, 메모 등의 정보를 입력할 수 있습니다. Apply 버튼은 선택한 카테고리와 입력한 정보를 파일에 저장하며, Back 버튼은 창을 닫습니다.

09. Factory Kit을 수정했든, 사용자가 원하는 샘플만 모아서 새로운 Kit을 만들었든, 다음에 사용하기 위해서는 Kit으로 저장을 해야 합니다. 메뉴 버튼을 클릭하여 File의 Save Kit As를 선택합니다.

10. 구분하기 쉬운 이름을 입력하고 저장합니다. 사용자 Kit 저장 위치는 기본적으로 C:\Users\Name\Documents\Native Instruments\Battery 4\Kits 폴더 입니다. 별도로 관리하는 폴더가 있다면 해당 위치를 선택해도 좋습니다. 단, Preferences의 Library-User 탭에서 Add 버튼으로 추가해야 합니다.

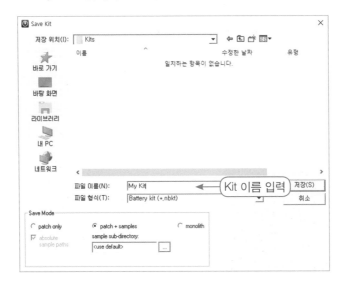

11. 라이브러리 창의 User 탭을 선택하면 사용자가 저장한 Kit 목록을 볼 수 있으며, 더블 클릭으로 로딩하여 사용할 수 있습니다.

세부 사항

Save Mode

Save Kit 창 아래쪽에는 Kit을 만들 때 사용한 샘플의 저장 방식을 선택할 수 있는 Save Mode 옵션을 제공합니다.

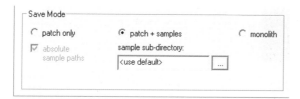

● patch only : 샘플 위치만 기록합니다. 파일 크기가 작지만, 바뀐 경로에 샘플이 없다면 로딩이 불가능합니다.

● patch+samples : 샘플을 복사하여 함께 저장합니다. 경로가 바뀌면 여전히 위치를 묻는 창이 열리지만, 샘플 손실을 방지할 수 있습니다.

● monolith : 샘플이 결합된 파일로 저장합니다. 파일은 크지만, 경로가 바뀌어도 악기를 바로 로딩할 수 있습니다.

01. Files 탭은 윈도우 탐색기와 비슷한 역할로 사용자 시스템의 폴더 구조를 탐색하고, 샘플을 로딩할 수 있습니다. 윈도우 탐색기와의 차이점은 오디오 샘플 파일을 모니터할 수 있다는 것입니다.

02. 라이브러리 창에서 보았던 카테고리 버튼은 즐겨 찾기 버튼입니다. 자주 탐색하는 폴더가 있다면 마우스 오른쪽 버튼을 클릭하여 단축 메뉴를 열고, Add to Favorites를 선택하여 즐겨 찾기 버튼을 추가할 수 있습니다.

03. 즐겨 찾기 버튼을 제거하고 싶을 때에는 마우스 오른쪽 버튼을 클릭하면 열리는 Remove from Favorites 메뉴를 선택합니다.

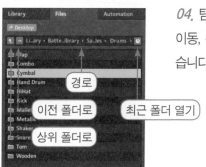

04. 탐색 줄에는 상위 폴더로 이동, 이전 폴더로 이동, 경로, 최근 폴더 열기 버튼으로 구성되어 있습니다.

05. 아래쪽의 Import 버튼은 선택한 폴더를 User 라이브러리로 복사하는 역할을 하며, 이때 열리는 카테고리 선택 창에서 Add New를 클릭하여 사용자가 원하는 카테고리를 만들어 분류할 수 있습니다.

06. 샘플은 윈도우 탐색기에서도 셀로 드래그하여 가져다 놓을 수 있습니다.

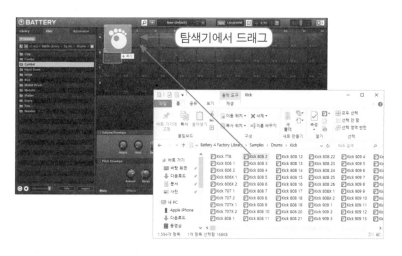

오토메이션

01. 오토메이션 탭은 배터리에서 제공하는 파라미터들을 호스트 프로그램 또는 미디 컨트롤러에 연결하여 사용할 수 있도록 합니다. MIDI 카테고리를 선택하고, Add New 버튼을 클릭합니다.

02. Use the Controller you would like to··· 라는 메시지가 보이면 사용하고 있는 컨트롤러에서 노브 또는 슬라이더를 움직입니다.

03. 컨트롤 정보가 인식되면 조정하고 싶은 파라미터로 드래그 합니다. 같은 과정을 반복하여 각 컨트롤마다 원하는 파라미터를 연결할 수 있으며, 하나의 컨트롤에 두 개 이상의 파라미터 연결도 가능합니다.

범위 조정

해제

04. 연결된 정보에 보이는 슬라이더는 파라미터의 최소 조정 값과 최대 조정 값의 범위를 제한할 수 있으며, X 버튼은 연결을 해제 합니다.

Host

05. Host 카테고리는 큐베이스나 로직과 같은 호스트 프로그램의 오토메이션 ID로 연결합니다. Add New 버튼을 클릭하면 0번부터 127번까지 차례로 생성되며, 드래그로 연결하는 방법은 MIDI 와 동일합니다.

06. 오토메이션 쓰기 버튼(W)을 On으로 놓고, 호스트 프로그램을 재생합니다. 그리고 연결된 파라미터를 마우스로 움직여봅니다.

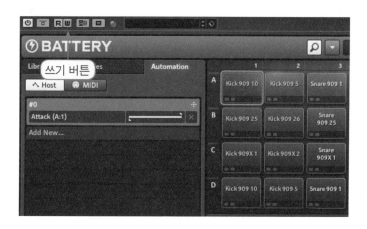

쓰기 버튼

07. 호스트 프로그램의 오토메이션 트랙을 열어보면 컨트롤러의 움직임이 기록된 것을 확인할 수 있습니다. 움직임을 기록한 다음에는 사용자 실수로 수정되는 것을 방지하기 위해서 쓰기 버튼(W)은 Off하는 것이 좋습니다.

08. 파라미터의 움직임을 마우스로 그려 넣겠다면 오토메이션 트랙의 메뉴를 열고, More를 선택합니다.

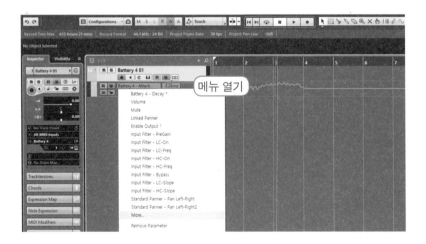

09. Add Parameter 창이 열리면 Battery 4 폴더에서 Host로 연결한 파라미터 중에서 조정하고 싶은 것을 더블 클릭합니다.

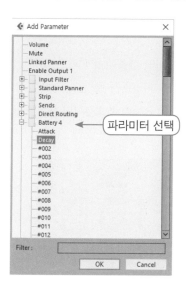

10. 선택한 오토메이션 라인이 열리며, 마우스로 원하는 움직임을 그려 넣을 수 있습니다. 마우스로 입력할 때는 쓰기 버튼(W)이 Off 되어 있어도 됩니다.

04 셀 매트릭스

라이브러리에서 Kit을 더블 클릭하면 셀마다 샘플이 로딩되고, 미디 건반으로 연주할 수 있도록 세팅 됩니다. A열은 C1에서 B1까지의 한 옥타브, B열은 C2에서 B2까지의 한 옥타브 순서이며, 최대 가로 16개, 세로 8개로 총 128개의 셀을 만들 수 있습니다.

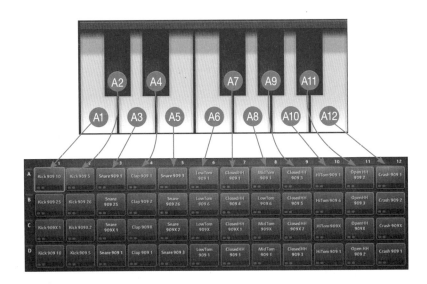

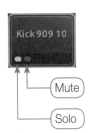

셀은 샘플의 이름이 표시되어 있으며, 마우스 클릭으로 사운드를 모니터할 수 있습니다. 하단에는 해당 셀의 샘플만 소리 나게 하는 솔로(Solo) 버튼과 해당 셀의 샘플이 소리 나지 않게 하는 뮤트(Mute) 버튼을 제공합니다.

믹싱 과정에서 밸런스를 모니터할 때 유용한 기능입니다.

패드 컨트롤러 맵핑

01. 패드 컨트롤러는 가로4개, 세로 4개의 16개로 구성되어 있으므로, 여기에 맞춰 셀을 구성하고, 맵핑하는 작업이 필요합니다. 마음에 드는 Factory Kit을 로딩하고, Kick 드럼을 D1 셀로 드래그하여 이동시킵니다.

02. 퀵 창의 Learn 버튼을 On으로 놓고, 패드 컨트롤러에서 Pad 1번을 두 번 누릅니다. 처음 누른 것은 왼쪽 값이고 두 번째는 오른쪽 값입니다.

03. D1셀에 가져다 놓은 Kick 드럼을 Ctrl 키를 누른 상태로 D2에 드래그하여 복사할 수 있습니다. 같은 샘플을 사용하는 C1과 C2 셀의 스네어 드럼도 동일한 방법으로 구성합니다.

04. 로딩한 Kit에서 마음에 드는 사운드가 없다면 Samples 라이브러리에서 악기 카테고리별로 찾아서 배치합니다. 이러한 과정으로 16개의 셀을 구성하고 Learn 기능으로 패드에 연결하는 작업을 반복합니다.

05. 모든 구성이 끝나면 메뉴 버튼을 클릭하여 열고, Cell Matrix의 Size에서 4x4를 선택합니다. 사용자가 구성한 D4까지 16개의 셀만 남겨두고, 나머지를 삭제하는 것입니다. 처음부터 4X4 사이즈의 빈 셀을 만들어놓고, 샘플을 가져다 놓는 방식으로 구성해도 좋습니다.

06. 완성된 패드 컨트롤러 맵은 File 메뉴의 Save Kit As를 선택하여 저장합니다. 같은 과정으로 자신만의 패드 컨트롤러 Kit들을 만들 수 있습니다.

셀을 마우스 오른쪽 버튼으로 클릭하면 셀 편집 명령을 실행할 수 있는 단축 메뉴가 열립니다. 각각의 역할을 정리합니다.

● Add Sample : 샘플을 추가할 수 있는 탐색 창이 열립니다. 2개 이상의 합성 사운드를 만들 수 있는 것입니다.

● Replace Sample : 샘플을 바꿀 수 있는 탐색 창이 열립니다.

● Render Cell in Place : 사운드를 편집 했을 때 편집 내용이 적용된 샘플로 렌더링합니다. 시스템을 절약할 수 있는 기능입니다.

● Load Cell : 셀은 nbcl 파일로 저장할 수 있으며, 저장한 셀 파일을 엽니다.

● Save Cell : 셀(*.nbcl) 파일로 저장합니다.

● Cut Cell : 셀을 잘라냅니다.

● Copy Cell : 셀을 복사합니다.

● Paste Cell : 잘라냈거나 복사한 셀을 붙입니다

● Delete Cell : 셀을 삭제합니다.

● Rename Cell : 셀의 이름을 변경합니다.

● Cell Color : 셀의 색상을 변경할 수 있는 팔레트를 엽니다.

● Output : 아웃 채널을 선택합니다.

기본값 Master로 설정되는 있는 아웃을 Buses 및 Direct Out으로 변경할 수 있습니다. Battery는 4개의 버스(Bus) 채널과 32개의 다이렉트 아웃(Direct Out)을 제공합니다. 다이렉트 아웃은 믹싱 작업을 할 때 필요한 멀티 채널을 구성하는 것입니다. 이를 사용하기 위해서는 오른쪽 상단의 메뉴 버튼을 클릭하여 열고, Activate Outputs에서 사용하고자 하는 채널을 체크해야 합니다.

F3 키를 눌러 큐베이스의 믹서 창을 열어보면 Activate Outputs에서 체크한 채널이 추가된 것을 확인할 수 있으며, 셀 단축 메뉴의 Direct Out에서 원하는 채널을 선택하여 멀티 믹싱 작업을 수행할 수 있습니다.

05 편집 창

화면 아래쪽에는 선택한 셀을 편집할 수 있는 창을 제공하고 있으며, Main, Effects, Modulation, Setup, Editor, Master의 6가지 탭이 있습니다. 그리고 셀 매트릭스 창과 편집 창 사이에 파형이 표시되어 있는 부분은 자주 사용되는 편집 기능들을 모아 놓은 퀵(Quick) 창으로 구분하며, 각각의 탭에 공통적으로 표시됩니다.

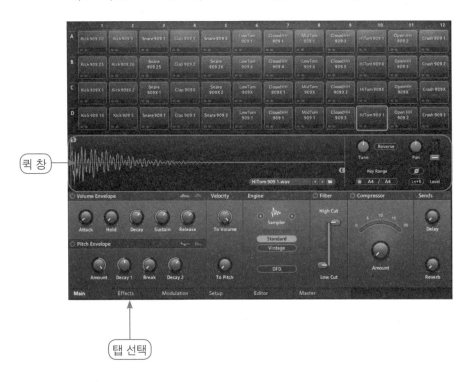

퀵 창

탭 선택

Master 탭을 제외한 모든 편집 탭에서 볼 수 있는 창입니다. 화면은 왼쪽에 샘플 파형을 표시하고 있는 웨이브 폼 디스플레이 창과 오른쪽에 볼륨이나 팬 등 자주 사용되는 컨트롤을 모아놓은 엑세스 창으로 구성되어 있습니다.

● 웨이브 폼 디스플레이

디스플레이 왼쪽의 S 마커는 재생의 시작점을 나타내며, 오른쪽의 E 마커는 끝지점을 나타냅니다. 각각 마우스 드래그로 위치를 조정할 수 있으며, 샘플이 어디서부터 어디까지 재생되게 할 것인지를 결정합니다.

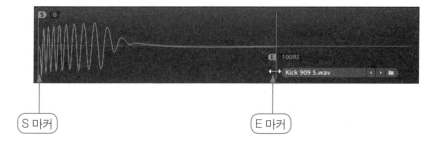

S 마커   E 마커

디스플레이 창에는 샘플의 이름이 표시되며, Find 버튼을 클릭하면 라이브러리에서 해당 샘플을 찾을 수 있습니다. 이전 및 다음 버튼은 라이브러리 리스트를 기준으로 이전 또는 다음 샘플로 바꾸는 기능입니다.

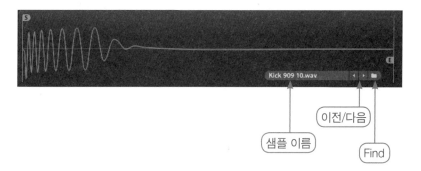

이전/다음

샘플 이름   Find

NI Battery

● 엑세스 컨트롤

디스플레이 오른쪽에는 음정을 조정하거나 맵핑 작업을 하는 등의 컨트롤러로 구성된 엑세스 창을 제공합니다.

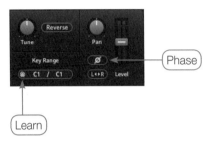

● Tune : 음정을 반 음 단위로 조정합니다. 미세한 조정이 필요한 경우에는 Shift 키를 누른 상태로 드래그 합니다.

● Reverse : 샘플이 거꾸로 재생되게 합니다.

● Key Range : 셀 연주 노트를 결정합니다. C1/C1과 같이 양쪽이 동일하면 하나의 C1 노트로 연주되는 것이며, C1/E1으로 조정하면 C1에서 E1까지의 모든 노트에서 연주됩니다. 값은 마우스 드래그 및 더블 클릭으로 조정 할 수 있지만, 왼쪽의 Learn을 이용하는 것이 편리할 것입니다.

● Pan : 사운드가 재생되는 좌/우 방향을 조정합니다.

● Phase : 파형의 각도를 거꾸로 바꿉니다.

● L/R : 좌/우 채널을 바꿉니다.

● Level : 레벨을 조정합니다.

Main

볼륨 엔벨로프(Volume Envelope), 피치 엔벨로프(Pitch Envelope), 벨로시티(Velocity), 엔진(Engine), 필터(Filter), 컴프레서(Compressor), 센드(Sends)의 8가지 패널을 제공하고 있으며, Volume Envelope, Pitch Envelope, Filter, Compressor의 4가지는 적용여부를 결정하는 On/Off 버튼이 있습니다. 볼륨과 피치 엔벨로프를 편집할 때는 퀵 창의 디스플레이에 그래프가 표시됩니다.

● 볼륨 엔벨로프(Volume Envelope)

건반을 연주하면 소리가 급격하게 커졌다가 작아지면서 사라지게 되는데, 이러한 시간적 흐름에 따른 볼륨 변화를 그래프로 나타낸 것이 볼륨 엔벨로프 입니다. 배터리는 엔벨로프를 어택(Attack), 홀드(Hold), 디케이(Decay), 서스테인(Sustain), 릴리즈(Release)의 5단계로 나누어 조정할 수 있는 모드와 어택, 홀드, 디케이의 3단계로 나누어 조정할 수 있는 모드를 제공합니다.

175

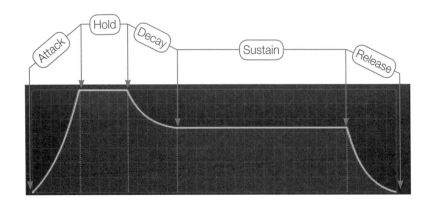

어택

소리의 발생에서부터 가장 커질 때까지의 타임을 조정합니다. 같은 레벨이라도 어택 타임이 느려지면 소리가 뒤로 물러나는 느낌이 드는 현상이 발생하기 때문에 믹싱을 할 때 아주 중요한 타임입니다.

홀드

가장 큰 레벨이 유지되는 타임을 조정합니다.

디케이

가장 큰 레벨에서 평균 레벨로 감소되는 타임을 조정합니다.

서스테인

평균 레벨을 유지되는 타임을 의미하며 컨트롤러로 조정되는 것은 레벨입니다.

디케이

건반을 놓았을 때부터 소리가 사라질 때까지의 타임을 조정합니다. 믹싱에서 컴프레서 작업을 할 때 릴리즈 타임을 정확하게 컨트롤하지 못하면 의도치 않는 잡음이 발생할 수 있으므로 어택 못지 않게 중요한 타임입니다.

● 피치 엔벨로프(Pitch Envelope)

시간의 흐름에 따라 피치가 변하는 사운드를 만들 수 있습니다. Amount, Decay1, Break, Decay2의 4단계로 조정할 수 있는 모드와 Amount, Decay의 두 단계로 조정할 수 있는 모드를 제공합니다.

2단계 모드는 Amount와 Decay로 피치가 얼마만큼, 어느 정도의 길이로 조정될 것인지를 조정하며, 4단계 모드는 중간에 브레이크(Break) 지점을 만들어 한 번 더 변화를 줄 수 있습니다. 즉, 2단계는 한 번, 4단계는 두 번의 피치 변화를 만드는 것입니다.

Amount
피치의 변화 폭을 조정합니다.

Decay 1
시작 위치에서 브레이크(Break) 지점까지의 타임을 조정합니다.

Break
브레이크 지점의 변화 폭을 조정합니다.

Decay 2
브레이크 지점에서 0으로 복구되는 타임을 조정합니다.

● Velocity

볼륨과 피치를 연주 세기로 컨트롤할 수 있게 합니다.

To Volume : 기본값은 100%로 사용자 연주 세기가 그대로 적용됩니다. 값을 0%로 하면 사용자 연주 세기에 상관없이 최대 볼륨으로 연주됩니다.

To Pitch : 기본값은 0st로 피치 변화가 없습니다. 값을 12st로 조정하면 최대 한 옥타브 범위로 연주 세기에 따라 피치가 변합니다.

● Engine

음색을 결정하는 엔진 모듈을 선택합니다. Sampler와 Stretch의 두 가지를 제공하며, Sampler 문자를 클릭하여 메뉴를 열거나 좌/우 방향 버튼을 클릭하여 신택할 수 있습니다.

Sample

베터리의 기본 엔진인 Standard와 과거에 유명했던 S-1200 및 MP-60 샘플러를 시뮬레이션하고 있는 Vintage 모드를 제공합니다.

Standard 모드는 샘플을 RAM으로 로딩하는데, 시스템 메모리가 부족한 경우라면 DFD 모드를 활성화하여 샘플의 첫 부분만 RAM으로 로딩하고 나머지는 디스크에서 읽어올 수 있게 할 수 있습니다.
Vintage 모드를 선택하면 모델을 선택할 수 있는 메뉴가 표시되며, S-1200은 High, Hi-Mid, Lo-Mid, Low 필터를 적용할 수 있습니다.

Stretch

샘플을 조각내어 연주 속도를 조정할 수 있는 엔진으로 Standard와 Pro 모드를 제공합니다.

Standard는 어느 정도 크기로 조각 낼 것인지를 결정하는 Grain과 속도를 조정하는 Speed, 그리고 각 조각들이 연결되는 범위를 조정하는 Smooth 컨트롤을 제공합니다.

Pro는 Grain과 Smooth가 자동으로 설정되며, 속도를 제어하는 Speed 컨트롤만 제공됩니다.

● Filter

High Cut 슬라이더를 내려서 고음역을 차단하거나 Low Cut 슬라이더를 올려서 저음역을 차단할 수 있습니다. 고음역과 저음역을 동시에 차단하면 미들 음역만 통과되는 Band Pass Filter의 역할을 합니다.

● Compressor

피크 잡음이 발생할 경우에 큰 소리를 압축합니다. 어느 정도 압축할 것인지를 결정하는 Amount 노브를 제공하며, 압축 VU 레벨 미터에 표시됩니다.

● Sends

잔향을 만드는 리버브(Reverb)와 사운드를 반복하는 딜레이(Delay) 효과를 적용합니다. 각각 어느 정도의 레벨로 적용할 것인지를 결정하는 노브를 제공하며, 세부 설정은 Master 탭에서 합니다.

Effects

Effects

Saturation, LoFi, Filter/EQ, Compressor, TM 효과를 적용할 수 있는 페이지 입니다. 입문자도 전문가의 설정을 사용할 수 있는 Factory 프리셋 메뉴를 제공하고 있으며, 핸들을 드래그하여 순서를 변경할 수 있습니다. 이펙트 적용 순서는 왼쪽에서 오른쪽이며, 각각 On/Off 버튼으로 사용 여부를 결정합니다.

NI Battery

● Saturation

아날로그 특유의 색채감을 재현하는 장치입니다. 공격적인 사운드를 만드는 Classic, 타격감을 만드는 Drums, 따뜻함을 만드는 Tape 모드를 제공하고 있으며, 이름을 클릭하거나 좌/우 방향 버튼을 클릭하여 선택할 수 있습니다.

Gain : 효과의 적용 정도를 조정합니다.
Warmth : 저음역을 증/감 합니다.
HF : 고음역 차단 주파수를 설정 합니다. Warmth과 HF 는 Tape 모드에서만 사용됩니다.
Output : 출력 레벨을 조정합니다.

● LoFi

음질을 낮추는 장치입니다. 저가의 녹음 장비로 녹음한 것과 같은 옛스러운 분위기를 연출합니다.

Bits : 샘플 비트를 낮춥니다.

Herts : 샘플 레이트를 낮춥니다.

Noise : 잡음을 추가합니다.

Color : 노이즈의 주파수 특성을 조정합니다.

Output : 출력 레벨을 조정합니다.

● Filter / EQ

주파수를 조정하는 필터 및 EQ 입니다. Solid G 및 3-band의 2가지 EQ와 Low, High, Band pass, Peak/Notch, Effect의 5가지 필터를 제공하고 있으며, 이름을 클릭하거나 좌/우 방향 버튼을 클릭하여 선택할 수 있습니다.

Solid G-EQ

실제 모델을 시뮬레이션하고 있는 장치로 저음역(L), 낮은 미들 음역(LM), 높은 미들 음역(HM), 고음역(H)을 증감할 수 있는 4밴드 타입의 EQ 입니다.

L과 H는 기본적으로 Freq 설정 주파수 이하 또는 이상의 주파수를 증감하는 쉘빙 타입이지만, Bell 버튼을 클릭하여 벨 타입으로 변경 가능합니다. LM과 HM은 대역 폭을 조정할 수 있는 Q 노브를 제공합니다. 주파수는 Freq로 설정하고, Gain으로 조정합니다. Output은 출력 레벨을 조정합니다.

3-band EQ

3밴드 타입의 EQ 입니다.
주파수는 Freq로 설정하고, Gain으로 조정하며, 대역폭은 BW로 조정합니다.

Low Pass

고음역을 차단하는 필터 입니다.
Ldr1P (-6db/Oct), Ldr 2P(12dB/Oct), Ldr 4P(-24/Oct), 차단율이 높은 Daft (-12dB/Oct)의 4가지를 제공합니다. Cutoff로 주파수를 설정하고, Gain 으로 저음역을 증감합니다. 레조넌스 (Reso)는 컷오프 주파수 대역을 증감합니다.

High Pass

저음역을 차단하는 필터 입니다.
타입과 컨트롤러의 역할은 Low Pass 와 동일합니다.

Band pass

저음역과 고음역을 동시에 차단하는 필터 입니다. 타입은 표준의 Ld와 대역폭이 좀 더 좁은 SV가 -12dB/Oct과 -24dB/Oct로 제공되고 있습니다.

Peak/Notch

Ldr Peak : 컷오프 주파수 대역을 증가, Ldr Notch : 컷오프 주파수 양쪽의 주파수 차단, SV Notch : 컷오프 주파수 차단, SV BR : 컷오프 주파수 감소의 4가지 타입을 제공합니다.

Effect

조금은 특별한 사운드를 만드는 목적으로 사용되는 필터입니다.

Frm은 토크 박스를 사용하는 것과 같은 사운드를 만들며, Vow는 인간의 성대를 모방하고, Phaser는 위상 변조를 일으킵니다.

● Compressor

높은 레벨을 압축하여 전체 레벨을 증가시키는 목적으로 사용하는 컴프레서 입니다. Solid Bus Comp, Classic, Pro의 3가지 타입을 제공하고 있으며, 이름을 클릭하거나 좌우 방향 버튼을 클릭하여 선택할 수 있습니다.

NI Battery

Thresh : 컴프레서가 작동될 레벨을 결정합니다.

Ratio : 압축 비율을 설정합니다.

Attack : 압축 시작 타임을 설정합니다.

Release : 압축 해제 타임을 설정합니다.

Makeup : 전체 레벨을 증가시킵니다.

Mix : 소스와 컴프레서의 비율을 조정합니다.

Output : 최종 출력 레벨을 조정합니다.

● TM(Transient Master)

사운드의 어택과 서스테인을 제어할 수 있는 엔벨로프 타입의 컴프레서 입니다. Attack과 Sustain으로 각 신호의 레벨을 조정할 수 있으며, Input과 Output은 각각 입력과 출력 신호의 레벨을 조정합니다.

Modulation

LFO(Low Frequency Oscilators), 엔벨로프, 애프터 터치 등을 외부 미디 컨트롤러에 연결시켜 실시간으로 변조되는 사운드를 만들 수 있습니다.

2개의 LFO와 변조 타임을 조정할 수 있는 Modulation Envelope, 그리고 컨트롤 파라 미터를 연결할 수 있는 8개의 Moudualtion Slots으로 구성되어 있습니다.

슬롯 선택

● LFO

LFO는 Low Frequency Oscillator 약자로 '저주파 발생기'라는 어려운 말로 해석되지 만, 비브라토와 같은 떨림 효과를 만드는 장치로 이해해도 좋습니다.

어떤 모양으로 떨리게 할 것인지는 Waveform에서 선택하고, 속도는 Sync 또는 Freq 로 합니다.

Waveform : 어떤 모양으로 떨리게 할 것인지를 선택합니다. Sine, Saw, Pulse, Random이 있으며, 디스플레이에 선택한 파형이 표시됩니다.

Sync : 떨리는 속도를 비트에 맞출 것인지, Sync Off로 자유롭게 조정할 것인지를 선 택합니다.

Retrigger : 노트가 연주될 때 마다 LFO 파형이 처음부터 시작되게 합니다.

Freq : 떨리는 속도를 조정합니다. Sync 모드일 때는 비트 단위로 조정됩니다.

Attack : 노트가 연주되고 LFO가 시작될 때까지의 타임을 조정합니다.

PW : Pulse 파형의 폭을 조정합니다.

● Modulation Envelope

변조 타임을 Attack, Hold, Decay, Sustain, Release 구간으로 나누어 타임을 조정할 수 있습니다. Modulation Envelope에서는 Attack 타임의 곡선을 조정할 수 있는 Curve 노브와 원샷 샘플에 적합한 AHD 엔벨로프 탭을 제공합니다.

● Modulation Slots

총 8개의 슬롯을 제공하고 있으며, 오른쪽 Destiantion 슬롯에서 컨트롤하고자 하는 파라미터를 선택하고, 무엇으로 조정할 것인지는 왼쪽 Source 슬롯에서 선택합니다. 예를 들어 Source에서 MIDI CC 1을 선택하고, Destiantion에서 LFO1의 Frequency 를 선택하면, 마스터 건반의 모듈레이션 컨트롤로 LFO1의 Frequency를 조정할 수 있는 것입니다. 변조되는 양은 Amount 슬라이더로 결정하며, Inv 버튼을 On으로 하면 Amount 값이 음수로 적용됩니다.

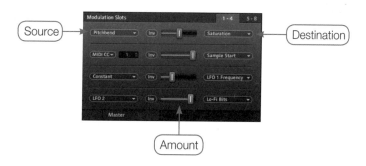

Setup

선택한 셀의 주법이나 사운드를 컨트롤할 수 있는 페이지입니다. 입력 감도를 설정할
수 있는 MIDI Input, 악기를 그룹으로 묶을 수 있는 Voice Groups, 트리거 조건을 결
정할 수 있는 Cell Activation, 그리고 Articulation, MIDI Echo, Humanize는 사용 여
부를 결정할 수 있는 On/Off 버튼을 제공합니다.

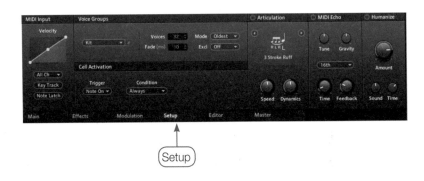

● MID Input

패드 연주의 강/약 범위를 자신에게 맞게 조정할 수 있습니다.

Velocity : 포인트를 드래그하여 가장 약하게 연주할 때와 가장 강하게
연주할 때의 벨로시티 값을 설정합니다.

Channel : 입력 채널을 선택합니다. 두 개 이상의 패드를 사용하여 악
기 구성을 확장할 때 필요합니다.

Key Track : 퀵 창의 Key Range에서 설정한 범위의 노트를 연주할 때 해당 음으로 톤
을 조정합니다.

Note Latch : 패드를 누를 때 마다 재생과 정지를 반복합니다. 긴 샘플의 연주 길이를
컨트롤하고 싶을 때 On 합니다.

● Voice Groups

클로즈 하이햇과 오픈 하이햇을 그룹을 묶어서 함께 연주되지 않게 한다거나 두 가지
비트를 묶어서 새로운 비트를 만드는 등의 응용이 가능합니다.

Close HH 셀에서 그룹 목록을 열고,
1-⟨untitled⟩을 선택합니다. 연필 버튼
을 클릭하면 그룹 이름을 입력할 수 있
습니다.

Open HH 셀에서 앞에서 입력한 그룹을
선택합니다. Voices 값이 1로 Close와
Open HH은 함께 연주되지 않습니다.

Voices : 동시에 연주 가능한 노트 수를 설정합니다.

Fade : 새로운 노트가 연주될 때, 이전 노트의 감소 타임을 조정합니다.

Mode : Voices 이상의 노트가 연주될 때 제거될 노트를 선택합니다. Any는 초과되는
모든 노트를 제거하고, Oldest는 처음에 연주된 노트, Newest는 마지막에 연주된 노
트, Highest는 가장 높은 음, Lowest는 가장 낮은 음 입니다.

Excl : 각 그룹을 큰 카테고리로 나눌 수 있습니다. 예를 들어 같은 그룹의 Close HH
을 Group 1, Open HH을 Group 2로 구분하고, Open HH의 Voices를 증가시켜 멀
티 사운드가 재생되게 하면서도 Close HH으로 정지 시킬 수 있는 테크닉을 구사할
수 있는 것입니다.

● Cell Activation

연주 방법과 조건을 선택합니다. Always 외의 것을 선택하면 Cell Activation은 2개의 탭으로 구성되며, Note On/Off에 서로 다른 조건을 만들 수 있습니다.

Trigger : 노트 연주 방법을 선택합니다. Note On은 패드를 누를 때를 말하는 것이고, Note Off는 누른 패드를 놓을 때를 말하는 것입니다.

Condition : 노트의 연주 조건을 설정합니다.

Always - 조건 없이 연주되게 합니다.

Start on Key - 노트 범위를 설정할 수 있으며, 여기서 설정된 노트를 눌러야 해당 셀을 연주할 수 있습니다.

Start On Controller - 컨트롤 번호와 범위를 설정할 수 있으며, 여기서 설정된 컨트롤 정보가 입력되어야 해당 셀을 연주할 수 있습니다.

Cycle Round Robin - 여러 개의 셀을 하나의 노트에 할당하여 차례로 연주되게 할 수 있습니다. Cycle Nr은 셀의 주기를 설정하고, Position은 연주 순서를 결정합니다. Reset CC는 선택한 컨트롤 정보가 입력되었을 때 첫 번째 위치의 셀로 이동되게 합니다.

Cycle Random - Cycle Round Robin과 작동 방식은 동일합니다. 단, 연주 순서를 지정할 수는 없으며, 무작위로 연주됩니다.

● Articulation

다양한 드럼 주법을 만듭니다. 아티큘레이션(Articulation)의 사용 여부는 On/Off 버튼으로 결정하고, 주법이 표시되는 항목을 클릭하거나 좌/우 방향키를 클릭하여 선택할 수 있습니다. 컨트롤 노브는 선택한 주법에 따라 달라집니다.

Three stroke Ruff : 노트 앞의 꾸밈음 3개를 가볍게 연주하는 주법입니다. 속도를 조정하는 Speed 노브와 강약을 조정하는 Dynamics 노브가 제공됩니다.

Alternate Stroke : 악기를 연속으로 연주할 때 왼손과 오른손으로 번갈아 치는 효과를 만듭니다. 스틱이 머무르는 타임을 조정하는 Depth와 왼손과 오른손의 빈도수를 조정하는 Random 노브를 제공합니다.

Release Stroke : 패드에서 손을 뗄 때 연주가 되게 합니다. 간격을 조정하는 Variation과 강약을 조정하는 Velocity 노브를 제공합니다.

Flam : 노트 앞의 꾸밈음 1개를 가볍게 연주하는 주법입니다. 속도를 조정하는 Speed와 강약을 조정하는 Dynamics 노브를 제공합니다.

Drag : 노트 앞의 꾸밈음 2개를 한 손으로 가볍게 연주하는 주법입니다. 속도를 조정하는 Speed 노브와 강약을 조정하는 Dynamics 노브가 제공됩니다.

Roll : 노트를 빠르게 연주하는 주법입니다. 속도를 조정하는 Speed 노브와 강약을 조정하는 Dynamics 노브가 제공됩니다.

Buzz : 스틱을 가볍게 쥐고 반동으로 연타 되게 하는 주법입니다. 스틱을 쥐는 힘을 조정하는 Grip 노브와 반동 수를 조정하는 Pressure 노브가 제공됩니다.

Muted : 드럼을 가볍게 연주하는 주법으로 뮤트 보다는 고스트 주법으로 많이 알려져 있습니다. On 타임을 조정하는 Attack 노브와 Off 타임을 조정하는 Decay 노브가 제공됩니다.

Speed Roll : 아주 빠른 롤 주법을 만듭니다. 속도를 조정하는 Speed와 길이를 조정하는 Duration 노브를 제공합니다.

Geiger Counter : 다양한 효과를 만드는 WMD Geiger Conter 장치 효과를 만듭니다. 발생 빈도를 조정하는 Radiation 노브와 길이를 조정하는 Decay 노브를 제공합니다.

● MIDI Echo

사운드를 반복시키는 에코 효과를 만듭니다.

Tune : 에코 사운드의 음정을 조정합니다.

Gravity : 에코 사운드의 속도를 점점 빠르게 또는 점점 느리게 발생할 수 있도록 조정합니다.

Note : 에코 간격을 선택합니다. 비트는 Time 노브로 조정하며, 횟수는 Feedback 노브로 조정합니다. Sync Off를 선택하면 타임 단위로 설정할 수 있습니다.

● Humanize

연주 타임과 톤을 무작위로 변화시켜 인간적인 연주를 만듭니다.

톤을 조정할 수 있는 Sound 노브와 타임을 조정할 수 있는 Time 노브를 제공하며, 각 설정이 적용되는 양은 Amount 노브로 컨트롤 합니다.

Editor

사운드를 편집할 수 있는 Wave Editor와 반복 구간을 편집할 수 있는 Loop Editor, 그리고 연주 범위를 편집할 수 있는 Mapping Editor의 3 가지 패널로 구성되어 있습니다. Wave와 Loop 에디터는 상단에 표시되며, 버튼으로 선택할 수 있고, Mapping 에디터는 하단에 표시됩니다.

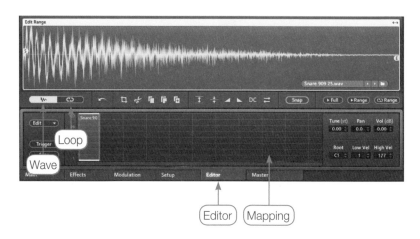

● Wave Editor

편집 범위(Edit Range)는 사각 프레임으로 표시되며, 연주 구간은 S 및 E 마커 라인으로 표시됩니다. 각 구간은 시작과 끝 위치를 드래그하여 조정할 수 있으며, 편집 범위는 아래쪽의 툴을 이용해서 잘라내거나 복사하는 등의 작업을 진행할 수 있습니다.

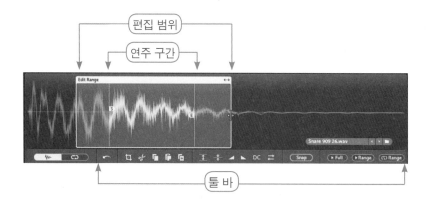

Undo : 편집 작업을 역순으로 취소합니다.

Crop : 선택 범위를 제외한 나머지를 잘라냅니다.

Cut : 선택 범위를 잘라냅니다.

Copy : 선택 범위를 복사합니다.

Paste : 잘라내거나 복사한 샘플을 시작 위치에 붙입니다.

Duplicate : 선택 범위를 복사하여 끝 위치에 붙입니다.

Normalize : 선택 범위의 볼륨을 피크가 발생하지 않는 한도로 증가시킵니다.

Silence : 선택 범위의 볼륨을 뮤트 합니다.

Fade In : 선택 범위의 볼륨이 점점 커지는 페이드 인 효과를 만듭니다.

Fade Out : 선택 범위의 볼륨이 점점 작아지는 페이드 아웃 효과를 만듭니다.

DC Corrent : 녹음 중 유입될 수 있는 전기 잡음을 제거합니다. 전기 잡음은 파형이 기준선을 벗어나는 현상을 말하는 것으로 제거한다는 의미는 기준선을 맞춰준다는 것입니다.

Reverse : 선택 범위의 재생 방향을 앞/뒤로 바꿉니다.

Sanp : 선택 범위 및 연주 구간을 설정할 때 파형의 제로 지점을 기준으로 선택되게 합니다. 제로 지점이 아닌 곳에서 시작될 때 틱 잡음이 발생할 수 있으므로, 항상 On으로 해놓는 것이 좋습니다.

Full : 사운드 전체를 모니터 합니다.

Range : 선택 범위를 모니터 합니다.

Loop Range : 선택 범위를 반복 모니터 합니다.

● Loop Editor

사운드가 반복 연주될 구간을 최대 4개 까지 만들 수 있습니다. Add Loop 버튼을 누르면 Loop1 프레임이 생성되고, 시작과 끝 위치를 드래그하여 반복 구간을 설정할 수 있습니다.

Mode에서 재생 방법을 선택합니다. Loop untill Key Release는 패드를 누르고 있는 동안에만 반복하고, Loop untill End of Envelope는 무조건 반복합니다.

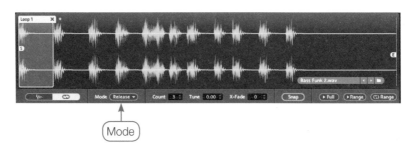

Count는 반복 수, Tune는 반복되는 사운드의 음정 변화, X-Fade는 사운드가 반복될 때 크로스 페이더를 적용할 길이를 설정합니다. 반복 구간은 추가 버튼을 클릭하여 최대 4개까지 만들 수 있습니다.

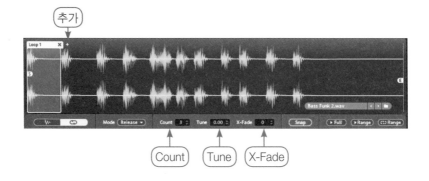

● Mapping Editor

두 개 이상의 샘플을 레이어로 배치하여 벨로시티에 따라 다른 소리를 내게 하거나 합성된 소리를 만들 수 있습니다. 곡의 분위기에 따라 하이햇을 Close, Open, Foot으로 연주하기도 하도, 빠른 리듬에서 Tip으로 연주하는 등, 같은 악기라도 연주자에 따라 다양한 소리를 내는 것이 드럼 악기의 특징입니다. 하지만, 드럼 패드는 16개로 제한되어 있기 때문에 다양한 소리를 구사하기 위해서는 레이어 기능을 이용하거나 두 개의 패드를 사용하는 방법밖에 없습니다.

좀 더 많은 연습이 필요하다는 단점이 있지만, 익숙해지면 추가 비용 없이 다양한 소리를 연주할 수 있는 레이어 이용 방법을 살펴보겠습니다.

레이어를 추가하는 방법은 여러가지가 있습니다. 사용자가 가지고 있는 샘플이라면 탐색기에서 드래그 하는 것이 편할 것이고, Battery에서 제공하는 것이라면 Samples 라이브러리에서 드래그하는 것이 편할 것입니다.

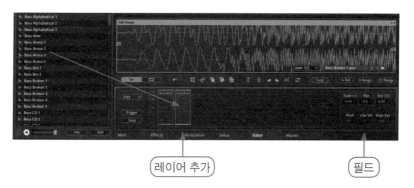

레이어 추가   필드

오른쪽 필드의 역할은 다음과 같습니다.

Tune : 음정을 조정합니다.

Pan : 팬을 조정합니다.

Vol : 볼륨을 조정합니다.

Root : 루트 키를 설정합니다.

Low/High Vel : 벨로시티 범위를 설정합니다.

Edit 메뉴 또는 마우스 오른쪽 버튼을 클릭하면 열리는 단축 메뉴에서 Stack Layers (Left to Right)를 선택하여 벨로시티 범위를 반으로 나눕니다.

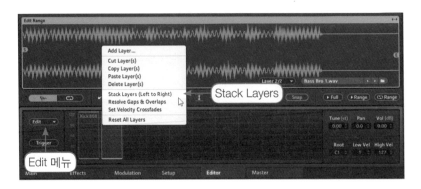

레이어의 경계선을 드래그하여 범위를 확대/축소할 수 있으며, Trigger 버튼이 On으로 되어 있으면, 선택한 레이어의 사운드를 모니터 할 수 있습니다. Snap 버튼은 이웃한 레이어에 정확하게 맞출 수 있게 합니다.

Stack Layers (Left to Right) 이 외의 메뉴 역할은 다음과 같습니다.

Add Layer : 레이어를 추가할 수 있는 불러오기 창이 엽니다.

Cut Layer : 선택한 레이어를 잘라냅니다.

Copy Layer : 선택한 레이어를 복사합니다.

Paster Layer : Cut 또는 Copy한 레이어를 붙입니다.

Delete Layer : 선택한 레이어를 삭제합니다.

Resolve Gaps & Overlaps : 갭이 있거나 겹쳐진 레이어를 분리합니다.

Set Velocity Crossfades : 겹쳐진 구간을 크로스 페이드 시킵니다. 크로스 페이드는 점선으로 표시되며, 마우스 드래그로 조정 가능합니다.

Reset All Layers : 레이어를 초기화 합니다.

Master

마스터 패널은 셀을 그룹화할 수 있는 Bus 트랙과 최종 레벨을 컨트롤하는 Master 트랙, 그리고 각 트랙에 적용할 수 있는 이펙트와 Main 패널의 Sends Reverb 및 Delay 값을 컨트롤할 수 있는 섹션으로 구성되어 있습니다.

Bus 트랙은 Close Hihat나 Open Hihat 또는 Tom과 같은 악기를 연결하여 하나의 트랙에서 동시에 볼륨을 조정하거나 이펙트를 주고 싶을 때 사용합니다. 셀은 버스 트랙으로 드래그하여 연결할 수 있으며, 총 4개의 Bus 트랙을 제공합니다.

Bus 트랙에 적용할 수 있는 이펙트는 Filter/EQ, Compressor, TM, Saturation, Limiter가 있으며, 장치 이름 오른쪽에 9개의 점으로 표시되어 있는 핸들을 드래그 하여 위치를 변경할 수 있습니다.

실무에서는 Battery에서 제공하는 Bus 트랙보다는 큐베이스나 로직과 같은 호스트 프로그램의 멀티 아웃을 이용하는 경우가 더 많습니다. 큐베이스에서 멀티 아웃을 사용하려면 Battery 창 오른쪽 상단의 메뉴 버튼을 클릭하여 열고, Activate Outputs에서 활성화하고 싶은 채널을 선택합니다. Battery는 스테레오 16채널을 지원합니다.

셀에서 마우스 오른쪽 버튼을 클릭하여 단축 메뉴를 열고, Output의 Direct Out에서 연결할 채널을 선택합니다. Bus 트랙에 채널을 할당할 때는 같은 방법으로 마우스 오른쪽 버튼을 클릭하여 선택합니다.

Reverb는 Standard와 Convolution의 두 가지 모드를 제공하며, Convolution 모드에서 디스플레이 창을 클릭하면, 전문가들이 만들어 놓은 프리셋을 선택할 수 있습니다.

Reverb와 Delay의 사용 여부는 On/Off 버튼으로 결정하며, Sends로 전송되는 레벨은 Return 슬라이더로 조정합니다. 그리고 최종 레벨은 Main 패널의 Sends 섹션에서 컨트롤 합니다.

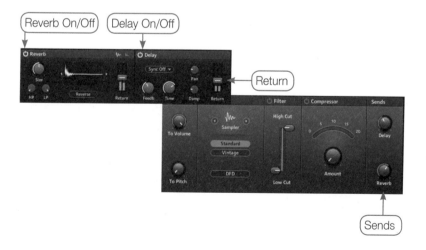

Automation

배터리에서 제공하는 모든 파라미터는 호스트 프로그램 또는 외부 미디 컨트롤러를 이용해서 조정하고 기록할 수 있으며, 기록된 정보에 따라 자동으로 움직이게 하는 것을 오토메이션이라고 합니다. Automation 패널을 열면, 호스트(Host) 프로그램으로 조정되게 할 것인지, 미디 컨트롤러(MIDI)로 조정되게 할 것인지를 설정할 수 있는 버튼이 있습니다.

큐베이스의 오토메이션 트랙을 열고, 목록에서 More를 선택합니다.

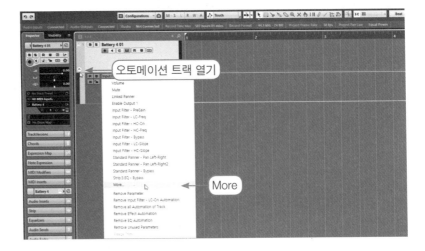

Add Parameter 창이 열리면 Battery 4 폴더를 열고, #000을 선택합니다. #000부터 #127까지 128개를 제공합니다.

Host 목록에서 Add New를 선택하면 #0 번이 추가됩니다. 오른쪽 핸들을 드래그하여 컨트롤하고 싶은 파라미터로 드래그합니다.

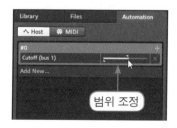

파라미터가 연결되며, 슬라이드를 드래그하여 최소 및 최대값의 범위를 설정할 수 있습니다. X 버튼을 클릭하면 연결이 해제됩니다.

큐베이스를 재생하고, 연결한 파라미터를 움직이면, 오토메이션을 기록하고, 편집할
수 있습니다.

오토메이션을 외부 컨트롤러로 기록하고 싶은 경우에는 파라미터를 마우스 오른쪽 버
튼으로 클릭하여 단축 메뉴를 열고, Learn MIDI CC를 선택합니다.

컨트롤러의 노브나 슬라이드를 움직이면 자동으로 연결됩니다. Host 탭에서와 마찬
가지로 MIDI 탭에 등록되며, 하나 컨트롤에 두 개 이상의 파라미터를 연결할 수도 있
습니다.

컨트롤러를 움직인다

연결을 해제할 때는 목록의 x 버튼을 클릭하거나 파라미터를 마우스 오른쪽 버튼으로
클릭하여 단축 메뉴를 열고, Clear MIDI CC를 선택합니다.

Part 04

EZ Drummer

01 레이아웃

EZdrummer, EZKeys, EZMix 라인으로 제품 이름 자체에서 쉽다는 의미의 EZ를 강조하고 있는 Toontrack사의 드럼 샘플러는 EZdrummer와 Superior의 두 가지가 있습니다. 두 제품의 사용법은 크게 다르지는 않지만, 230GB의 SDX Expansions 샘플 용량을 제공하는 Superior에 비해 가격이 저렴한 EZdrummer 사용자가 많으므로, 이것을 기준으로 살펴보겠습니다.

화면은 멋진 드럼 이미지가 있는 Drums, 주요 작업이 진행되는 Browser, 리듬을 검색할 수 있는 Search, 악기의 레벨과 팬 등을 컨트롤할 수 있는 Mixer의 4가지 페이지로 구성되어 있으며, 아래쪽에는 드럼 패턴을 구성하거나 편집할 수 있는 트랙이 있습니다.

페이지 선택 탭

트랙

02 Drums

초기 화면의 Drums 페이지는 건반이나 패드 및 화면의 그림을 마우스로 클릭하여 음색을 모니터할 수 있습니다. 타격 모션이나 클릭 위치에 따라 리얼 주법이 시뮬레이션되는 부분이 재미있습니다.

악기에 표시되어 있는 작은 삼각형을 클릭하면 음색이나 피치를 변경할 수 있는 창이 열립니다. 음색은 라이브러리와 악기 리스트에서 선택하며, 클릭 위치에 따라 벨로시티가 반영되는 모니터 패드를 제공합니다. 악기가 연주되고 있을 때는 선택하는 악기의 음색이 바로 모니터 됩니다.

드럼 세트는 Preset 목록에서 선택합니다. 기본적으로 제공되는 라이브러리는Modern
과 Vintage의 두 가지이며, 음색 변경 사항이 있다면, User Presets의 Save As를 선
택하여 사용자 프리셋으로 저장할 수 있습니다.

EZdrummer가 저렴한 이유는 기본 라이브러리가 Modern/Vintage 뿐이기 때문입니
다. 자신의 음악 스타일에 어울리는 것만 골라서 구성할 수 있다는 점에서 장점이 될 수
있는 부분이기도 합니다. 특히, VST Drums 가운데 가장 많은 패턴(MIDI Expansions)
이 있고, 타사의 패턴까지 지원을 하기 때문에 음색은 다른 제품을 사용하더라도 패턴
작업은 EZdrummer로 하는 경우가 많습니다.
라이브러리와 패턴은 Toontrack.com에서 구매할 수 있습니다.

03 Browser

브라우저 창은 음악 장르별 리듬 패턴이 카테고리 구조로 되어 있어 작업중인 음악에
어울리는 리듬 패턴을 손쉽게 이용할 수 있게 되어 있습니다. 마지막 단에는 패턴을
모니터할 수 있는 재생 버튼이 있습니다.

마음에 드는 패턴은 트랙으로 드래그하여 가져다 놓습니다. Intro, Verse 등, 각 파트
별로 리듬 패턴을 배열하여 드럼 트랙을 완성하는 것입니다.

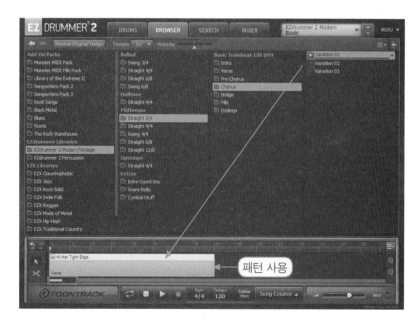

211

04 Search

라이브러리와 파트별로 구분되어 있는 Browser 보다 좀 더 세심하게 패턴을 찾을 수
있게 음악 장르, 스타일, 연주법 등으로 카테고리를 구분하고 있습니다. 각 항목마다
오른쪽 끝에 Exclude 메뉴를 제공하여 검색 대상에서 제외시킬 수 있으며, Total filters
의 숫자를 클릭하여 취소시킬 수 있습니다.

검색한 패턴들은 아래쪽에 열거되며 마음에 드는 것들은 별표로 표시해 두고, 별표 칼
럼을 클릭하여 해당 목록만 표시되게 할 수 있습니다.

Search 창에는 좀 더 현실적인 방법으로 패턴을 검색할 수 있는 Tap 2 Find 기능을
제공합니다. Tap 2 Find 버튼을 클릭합니다.

Tap 2 Find 창이 열리고, 메트로놈 소리가 들립니다. 템포와 퀀타이즈 값을 선택하
고, 마우스나 패드 컨트롤러를 이용해서 사용자가 원하는 리듬을 연주합니다. 잘못
입력했다면 취소 버튼을 클릭하여 다시 하고, 마음에 들면 Show Results 버튼을 클
릭합니다.

Tap 2 Find 창에서 입력한 패턴과 비슷한 것들을 검색해 줍니다. Matching 칼럼에는
얼마나 비슷한지 퍼센트 값으로 표시하고 있습니다.

트랙에 가져다 놓은 패턴과 비슷한 것을 찾고자 하는 경우에는 클립을 Drop 창에 가져
다 놓습니다. 인터넷 자료실에서 구한 미디 파일 중에서 마음에 드는 드럼 패턴이 있었
다면 탐색기에서 직접 가져다 놓는 것도 가능합니다.

05 Mixer

볼륨이나 팬 등의 믹싱 작업은 호스트 프로그램에서 진행하기 때문에 악기에서 제공하는 Mixer를 사용할 일은 거의 없을 것 같지만, 사용자 세트를 구성할 때 필요한 부분입니다. 특히, 드럼 믹싱 작업에서 가장 중요한 멀티 아웃 채널은 Mixer 페이지에서 설정합니다.

Pan : 좌/우 소리의 방향을 조정합니다. Toms이나 OH 등, 스테레오 마이크로 수음하는 채널은 좌/우 두 개의 팬 슬라이더가 제공됩니다.

Solo : 해당 채널을 솔로로 연주합니다.

Mute : 해당 채널을 뮤트 합니다.

Volume : 볼륨을 조정합니다. 아래쪽에 표시되는 볼륨 값을 클릭하여 입력해도 됩니다.

Output : 아웃 채널을 선택합니다. 총 16채널을 지원합니다.

믹서 Output에서 설정한 채널은 오른쪽 상단의 메뉴 열기 버튼을 클릭하여 Activete Outputs의 채널을 활성화해야 큐베이스의 믹스콘솔에서 개별 컨트롤이 가능한 채널이 생성됩니다.

이펙트의 종류와 설정 값은 프리셋 마다 자동으로 세팅되어 있으며, 양을 조정하는 컨트롤러만 제공되고 있기 때문에 입문자도 쉽게 사용할 수 있습니다.
장치마다 제공되는 컨트롤러를 최소값에서 최대값으로 움직여보면서 어떤 효과가 연출되는지 모니터해보면 이펙트 학습에 많은 도움이 될 것입니다.

06 Edit Play Style

트랙에 가져다 놓은 패턴은 사용자 취향대로 편집이 가능합니다. 클립 왼쪽 상단의 작은 삼각형으로 되어 있는 편집 버튼을 클릭하면 Edit Play Style 창이 열립니다. 스타일을 편집할 때는 루프 버튼을 On으로 놓는 것이 편리합니다.

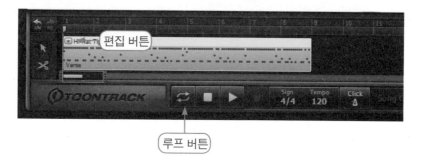

스페이스 키를 눌러 연주를 모니터 하면서 스타일을 편집합니다. 가장 기본적인 것은 주법이 표시되어 있는 핸들을 드래그하여 악기를 바꾸는 것입니다. 예를 들어 HiHat 의 Power Hand를 Ride로 이동시키면 하이햇 연주가 라이드 심벌 연주로 바뀝니다.

두 번째는 주법을 바꿔보는 것입니다. 핸들 메뉴를 열어보면 해당 악기에서 연주 가능한 주법들이 나열되며, 선택 즉시 바꿀 수 있습니다.

세 번째는 연주 비트나 세기를 바꿔보는 것입니다. 연주 비트는 Amount 노브를 조정하며, 세기는 Velocity 노브로 조정합니다. 전체 악기를 동시에 조정하고 싶은 경우에는 Selected 메뉴에서 All Playing Drums을 선택하고, 초기값으로 복구할 때는 Ctrl 키를 누른 상태로 더블 클릭합니다.

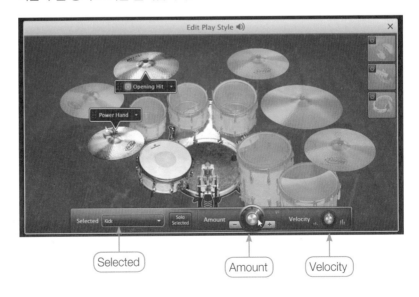

네 번째는 악기를 추가하거나 빼는 것입니다. 각 연주 악기에는 On/Off 버튼이 있으며, 이를 클릭하여 추가 여부를 결정할 수 있습니다. 예를 들어 템버린을 On 하면 템버린 연주가 추가된 패턴이 만들어지는 것입니다.

편집한 패턴은 사용자 라이브러리로 드래그하여 관리할 수 있습니다. 이름은 Rename 메뉴로 변경 가능하며, Add Folder 메뉴를 이용해서 폴더로 관리할 수 있습니다.

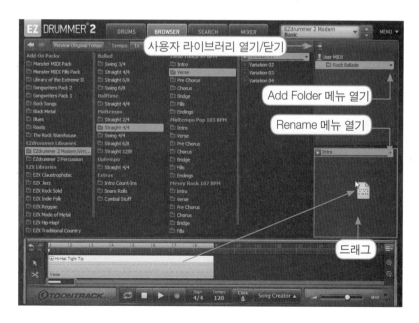

07 Song Creator

EZdrummer의 주요 사용 목적은 Intro, Verse 등의 파트 별로 사용자가 원하는 패턴을 트랙에 배치하여 드럼 트랙을 완성하는 것입니다. 트랙에 배치한 클립은 마우스 드래그로 이동 가능하며, 시작과 끝 위치를 드래그하여 길이를 조정할 수 있습니다. Ctrl 키를 누른 상태로 드래그하면 복사됩니다.

위치 및 길이 조정

Alt 키를 누른 상태로 클릭하거나 가위 툴을 이용하면 클립을 자를 수 있습니다. 툴 박스에는 작업을 취소하는 Undo 버튼과 취소한 작업을 다시 실행하는 Redo 버튼도 제공되며, 오른쪽에는 트랙을 확대/축소하는 버튼도 있습니다.

Undo   Redo   확대

가위   축소

클립을 삭제할 때는 마우스 오른쪽 버튼을 클릭하여 메뉴를 열고, Remove를 선택합
니다. 세부적인 편집 기능은 갖추고 있지 않지만, EZdrummer에서 제공하는 패턴을
사용자 스타일에 맞추어 편집할 수 있습니다.

Ezdrummer는 이름에 걸맞게 좀 더 쉽고, 간단한 방법으로 트랙을 완성할 수 있습니
다. Song Creator 버튼을 클릭합니다.

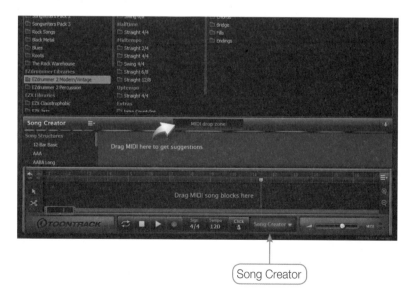

Browser에서 마음에 드는 패턴을 Song Creator 창의 drop Zone으로 드래그하여 가져다 놓습니다.

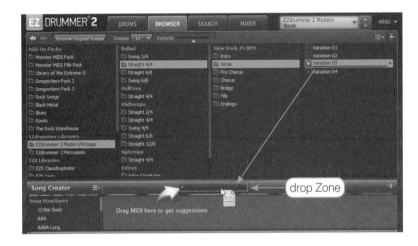

선택한 패턴에 어울리는 Intro, Verse 등의 파트가 생성됩니다. 왼쪽의 Song Structues 에서 작업하고자 하는 음악 형식과 유사한 것을 트랙으로 드래그 하면, 자동으로 모든 파트가 완성 됩니다.

음악 형식 드래그

좀 더 현실적인 방법으로 사용자 연주를 기준으로 검색할 수도 있습니다. Tempo를
조정하고, Click 버튼을 On으로 합니다. 그리고 녹음 버튼을 On으로 하고, 재생 버튼
을 클릭하면 메트로놈 소리가 들리면서 녹음이 진행됩니다.

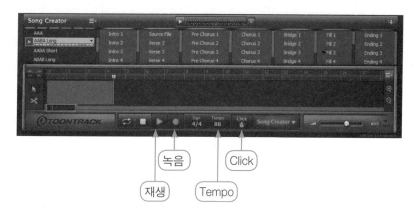

스페이스 바 키를 눌러 녹음을 정지하고, 마우스 오른쪽 버튼을 클릭하여 Quantize
를 잡습니다. 퀀타이즈는 노트를 정확하게 정렬하는 기능이며, 노트가 정확해야 검색
을 정확하게 할 수 있습니다.

한 마디 정도는 카운트로 빈 공간일 것이므로, 시작 위치를 드래그하여 제거하고, 완성한 클립을 drop Zone으로 드래그 합니다. 사용자가 녹음한 것을 기준으로 파트별 패턴이 검색됩니다.

녹음한 클립은 단축 메뉴의 Remove로 제거하고, 검색된 파트 별로 패턴을 모니터 해 보면서 자신만의 드럼 트랙을 완성합니다.

트랙이 완성되면 Song Screator 메뉴를 열고, Save Track as Structure를 선택하여 자신만의 음악 형식을 등록할 수 있습니다.

08 Export

완성된 트랙은 호스트 프로그램과 동기되므로, 그대로 사용해도 좋지만, 전문 편집이 필요한 경우에는 마우스 드래그로 전체 클립을 선택하여 트랙으로 가져다 놓습니다. 이때 Ezdrummer의 클립은 삭제를 하거나 Follow Host 버튼을 Off로 하여 이중으로 재생되지 않게 합니다.

Follow Host

트랙의 메뉴를 열고, Track의 Export Song as MIDI File 또는 Wave File을 선택하여 미디 또는 오디오 파일로 저장할 수 있습니다. 호스트 프로그램에 상관없이 이용할 수 있는 파일을 만드는 것입니다.

트랙 메뉴

Part 05

Addictive Drums

01 레이아웃

XLN Audio사의 Addictive Drums는 초기 비용을 낮추기 위해 기본 라이브러리를 사용자가 원하는 것으로 6가지를 선택하여 설치할 수 있게 하고, 다양한 리듬 패턴(MIDI PAKS)을 장르별로 출시하고 있다는 점에서 EZdrummer와 비슷한 컨셉을 가지고 있습니다. 특히, 심플한 인터페이스와 접근 방식까지 비슷하지만, EZdrummenr는 드럼 리듬에 대한 지식이 부족하거나 좀 더 화려한 테크닉을 사용하고 싶어하는 사용자들을 위한 패턴 제작이라는 확실한 컨셉이 있는 반면, Addictive Drums는 패턴은 물론, 샘플러 기능까지 충실히 갖추고 있다는 차이점이 있습니다.

화면은 위에 Top 섹션과 아래쪽에 Main 섹션의 심플한 구성으로 되어 있고, Top 섹션에는 프로그램 정보를 확인할 수 있는 로고를 중심으로 왼쪽에는 프리셋 메뉴가 있고, 오른쪽에는 라이브러리를 모니터 할 수 있는 재생 버튼과 Gallery, Explore, Kit, Edit, FX, Beats 페이지 및 Help 메뉴를 열 수 있는 버튼들이 있습니다. 초기 화면은 Gallery View 입니다.

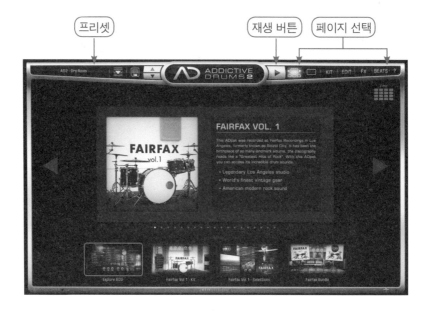

02 Preset Browser

Top 섹션의 프리셋 이름 또는 브라우저 버튼을 클릭하면 악기 및 연주 패턴을 선택할 수 있는 창이 열립니다. 오른쪽에서 악기(장르)를 선택하면 해당 킷으로 연주되는 프리셋 목록이 왼쪽에 나열됩니다.

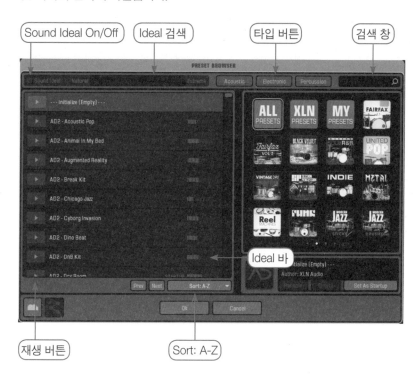

재생 버튼 : 프리셋 연주 패턴을 모니터 합니다.

Ideal 바 : 길이가 짧을수록 어쿠스틱 사운드로 연주되는 프리셋을 의미합니다.

Sound Ideal On/Off : Ideal 검색 기능을 On/Off 합니다.

Ideal 검색 : 마우스 드래그로 비슷한 길이의 프리셋만 표시할 수 있습니다.

타입 버튼 : Acoustic, Electronic, Percussion 음색만 표시되게 합니다.

검색 창 : 프리셋 이름의 일부를 입력하여 찾을 수 있습니다.

Sort A-Z : 프리셋 정렬 기준을 선택합니다.

Top 섹션의 Save Preset 버튼을 클릭하면 사용자 프리셋으로 저장할 수 있습니다. Name, Type, Sound Ideal을 설정할 수 있고, Rec 버튼을 클릭하여 사용자 연주를 녹음하거나 Play 버튼으로 모니터 할 수 있습니다.

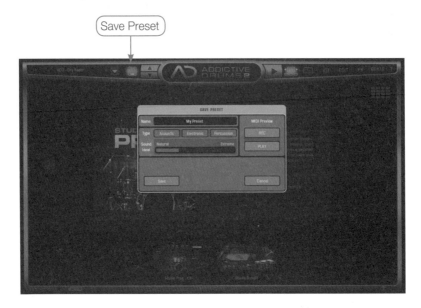

사용자 프리셋은 My Prests에서 검색할 수 있고, User Preset 항목에서 이름을 변경 (Rename)하거나 삭제(Delete) 할 수 있습니다. Set As Startup 버튼은 선택한 프리셋을 Addictive Drums을 실행할 때 로딩되게 합니다.

03 Gallery & Explore

초기 실행 화면은 드럼 셋에 대한 설명을 보여주는 갤러리(Gallery) 페이지의 View all Explore Maps 보기 상태 입니다.

View 버튼을 클릭하면 View ADpack 보기로 전환할 수 있습니다.

갤러리에서 익스플로어 열기를 선택하거나 Top 섹션의 Exploer 버튼을 선택하면 드럼 세트를 선택할 수 있는 익스플로어 페이지를 열 수 있습니다.

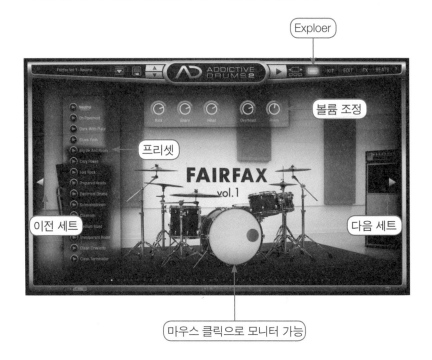

익스플러로어에는 드럼 세트 그림과 프리셋, 볼륨 컨트롤러가 제공됩니다.

그림을 클릭하여 사운드를 모니터 할 수 있으며, 아래쪽은 약하게 위쪽는 크게 연주되는 벨로시티가 적용됩니다.

프리셋은 선택한 세트로 연주되는 것들이며, 재생 버튼을 클릭하면 연주 패턴을 모니터할 수 있습니다.

볼륨 컨트롤은 Kick, Snare, Hihat, Overhead, Room의 5가지로 사운드를 결정하는 주요 요소들을 빠르게 조정할 수 있습니다.

04 Kit

Top 섹션의 Kit을 선택하여 열 수 있는 Kit 페이지는 드럼 세트의 구성 악기를 개별적으로 컨트롤할 수 있는 페이지 입니다.

Kit

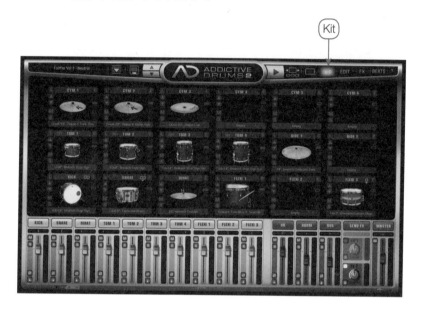

악기는 18개의 셀로 표시되며, 각 셀의 주변에는 해당 악기를 변경할 수 있는 버튼들로 구성되어 있습니다.

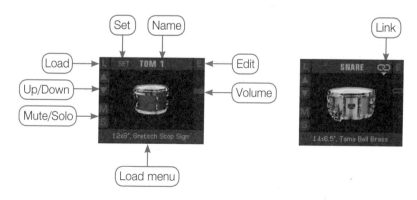

233

● Load : 왼쪽 상단의 L 버튼은 악기를 변경할 수 있는 Kitpiece Browser를 엽니다.
한 페이지에 12개씩 표시되며, 아래쪽에 점으로 표시되어 있는 페이지 선택 버튼을 이
용해서 이동할 수 있습니다.

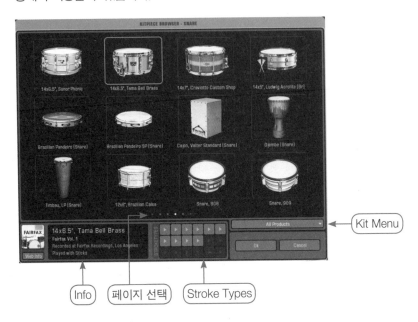

Info : 선택한 악기의 정보를 표시합니다. Web Info 버튼을 클릭하면 좀 더 자세한 정보
를 제공하는 홈페이지가 열립니다.
Stroke Types : 연주 타입에 따른 사운드를 모니터해볼 수 있습니다.
Kit Menu : 악기를 표시할 킷을 선택할 수 있습니다. 기본 선택 메뉴는 모든 악기를 표
시하는 All Products 입니다.

● Up/Down : Kitpiece 창을 열지 않고, 이전 및 다음 악기를 선택합니다.
● Mute/Solo : 해당 악기를 뮤트하거나 솔로로 연주되게 합니다.
● Load Menu : Kitpiece의 악기를 리스트로 표시하며, 선택 가능합니다.
● Volume : 악기의 볼륨을 조정합니다.
● Edit : 에디터 페이지를 엽니다.
● Set : Tom 1-4에 표시되며, Tom 세트를 한 번에 변경할 수 있는 악기 메뉴가 열립
니다.

● Link : Kick과 Snare 이름 오른쪽에 표시되는 링크 아이콘을 드래그하여 다른 악기 와 레이어로 연결할 수 있습니다. 링크 아이콘을 드래그하면, 어떤 연주 타입과 연결할 것인지를 선택할 수 있는 메뉴가 열립니다.

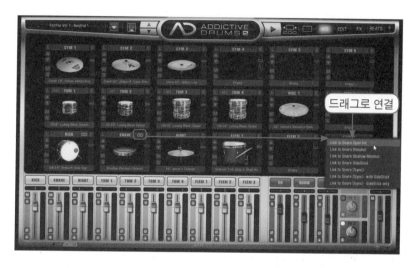

연결된 악기는 동그라미 모양의 아이콘으로 표시되며, 아이콘을 클릭하면 연결을 해 제할 수 있는 Unlink 메뉴가 열립니다. 레이어는 두 개 이상으로 구성할 수 있으며, 모 든 연결을 해제할 때는 Kick 및 Snare의 Link 아이콘을 클릭하면 열리는 메뉴에서 Unlink All을 선택합니다.

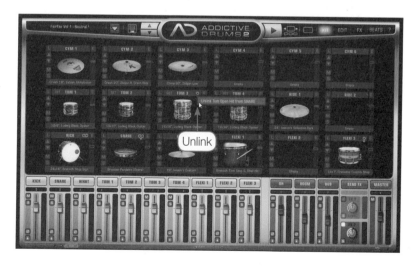

Addictive Drums

05 Edit

사운드를 작업 중인 음악에 어울리게 디자인할 수 있는 Edit 페이지는 볼륨 및 엔벨로 프를 컨트롤 할 수 있는 Strip 라인과 이펙트를 컨트롤 할 수 있는 Insert Fx 라인으로 구성되어 있으며, 하단의 믹서는 Kit, Edit, FX 공용입니다.

사운드를 디자인할 악기는 Kitpiece Select에 표시되어 있는 악기 이름이나 믹서에 표 시되는 악기 이름을 클릭하여 선택할 수 있습니다. 단, Kitpiece Select 에서 선택을 하 면, 상단의 Strip 라인만 편집 대상이 됩니다.

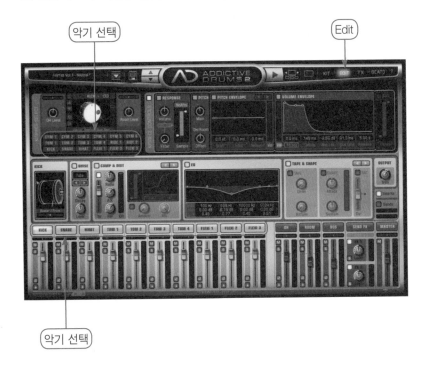

악기 선택

Edit

악기 선택

Strip Settings

상단의 스트립 라인은 Kit piece Select와 Kit piece Controls 섹션으로 구성되어 있으며, Controls 섹션은 Response, Pitch, Pitch Envelope, Volume Envelope, Cut 의 5가지 패널로 나뉘어져 있으며, 각각 사용 여부를 결정할 수 있는 On/Off 버튼을 제공합니다.

Kit piece Select Kit piece Controls On/Off On/Off 버튼

Kit piece Select

Kit 페이지에서 보았던 셀을 중심으로 왼쪽에는 오버헤드 마이크의 방향과 레벨을 조정할 수 있는 OH Level 패널이 있고, 오른쪽에는 룸 마이크의 방향과 레벨을 조정할 수 있는 Room Level 패널이 있습니다. 편집할 악기는 아래쪽 이름 목록에서 선택합니다.

오버헤드 마이크의 방향 조정

오버헤드 마이크의 레벨 조정

룸 마이크의 방향 조정

룸 마이크의 레벨 조정

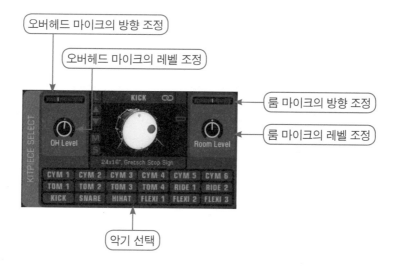

악기 선택

Response

연주 강약(벨로시티)에 따라 볼륨과 필터 및 샘플에 미치는 영향을 제어합니다.

Volume : 벨로시티에 따른 볼륨 반응도를 설정합니다. 값을 줄이면 약하게 연주하는 벨로시티에도 크게 연주됩니다.

Filter : 벨로시티에 따른 필터 반응도를 설정합니다. 값을 줄이면 약하게 연주할 때 고음역 차단 필터가 적용됩니다.

Sample/NoAlts : 벨로시티에 따른 주법의 변화 비율을 설정합니다. NoAlts 슬라이더는 변화음의 비율이고, Sample은 원음의 비율입니다.

Pitch

악기(Main) 및 오버헤드/룸(OH/Room) 사운드의 음정을 조정합니다.

Pitch Envelope

타임에 따른 음정 변화를 제어합니다.

앞의 포인트를 위/아래로 드래그하면 Start 음정이 조정되고, 좌/우로 조정하면 Hole 타임이 조정됩니다. 뒤에 포인트를 이용해서 Release 음정을 조정할 수 있습니다.

Tone Designer

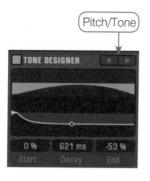

Kick과 Snare는 Pitch Envelope 상단의 이전/다음 버튼을 이용해서 Tone Designer 패널을 열 수 있습니다. Tone Designer은 타임 단위로 변하는 톤을 조정하며, 앞의 포인트로 Start 톤을 조정하고, 뒤에 포인트로 Decay 타임과 End 톤을 조정할 수 있습니다.

Volume Envelope

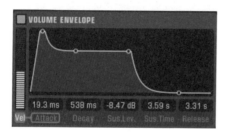

타임에 따른 볼륨 변화를 제어합니다. 포인트는 총 4개이며, 첫 번째 포인트는 Attack, 두 번째 포인트는 Decay와 Sus.Lev, 세 번째 포인트는 Sus. Lev과 Sus.Time, 네 번째 포인트는 Release 타임을 조정합니다.

볼륨 엔벨로프는 벨로시티로 제어할 수 있으며, 감도는 Vel 슬라이더를 이용해서 설정합니다.

Cut

슬라이더를 드래그하여 Hipass 및 Low Pass 필터를 적용할 수 있습니다.

두 개의 마이크로 수음하는 Kick과 Snare는 마이크 비율을 제어할 수 있으며, 각 채널마다 Noise, Comp&Dist, EQ, Tape&Shape 등의 이펙트를 개별적으로 적용할 수 있습니다.

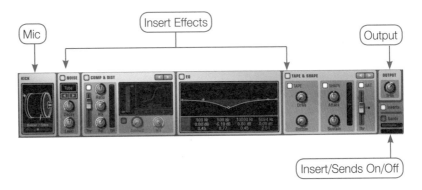

Mic

드럼을 녹음할 때 Kick과 Snare는 두 개의 마이크를 사용하는 것이 일반적입니다. Kick은 홀 위치의 Front 마이크와 연주 위치의 Beater 마이크를 배치하고, Snare는 위에 Top 마이크와 아래쪽에 Bottom 마이크가 배치되며, 각 마이크의 거리를 조정할 수 있습니다. Snare의 경우에는 Buzz 레벨을 조정할 수 있는 슬라이더가 포함되어 있으며, Room 채널에는 마이크 간격을 조정할 수 있는 Destance를 제공합니다.

Noise

Noise Name

잡음을 추가하여 실제 드럼을 녹음할 때의 현장감을 만들 수 있습니다. Noise Name 항목을 클릭하거나 아래쪽에 보이는 이전/다음 버튼을 클릭하여 잡음의 종류를 선택할 수 있습니다. Decay는 잡음이 발생하는 타임을 조정하며, Level은 잡음의 크기를 조정합니다.

Comp & Dist

Comp & Dist와 Tape & Shape는 EQ 이전 또는 다음에 적용할 수 있으며, 장치 버튼으로 선택합니다. 장치 패널은 2-3개의 프레임으로 구분되어 있으며, 각각 개별적인 On/Off가 가능합니다.

Comp On/Off

장치 선택

Dist On/Off

컴프레서(Comp)은 트레숄드(Thr)에서 설정한 레벨 이상의 사운드를 레시오(Ratio)에서 설정한 비율만큼 줄여주는 장치로, 댐핑있는 사운드를 만들 때 필수입니다. 컴프레서의 작동 시작 타임을 조정하는 어택(Atk)과 멈춤 타임을 조정하는 릴리즈(Rel), 그리고 얼마나 압축되고 있는지를 확인할 수 있는 게인 리덕션(GR) 미터가 있습니다.

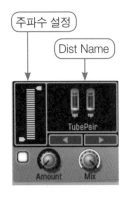

주파수 설정

Dist Name

TubePair

Amount   Mix

디스토션(Dist)은 입력 레벨을 증가시켜 사운드를 왜곡시키는 장치이기 때문에 과도한 사용은 좋지 않습니다. 하지만, 특정 주파수를 대역에 살짝 걸어주면 타이트한 사운드를 얻을 수 있습니다. 디스토션의 종류는 Name 항목을 클릭하거나 아래쪽에 배치되어 있는 이전/다음 버튼을 클릭하여 선택할 수 있으며, 적용 정도는 Amount로 조정합니다. Mix는 원음과 디스토션 사운드의 비율을 조정합니다.

Tape & Shape

Tape & Shape 패널에는 Tape과 Shape 외에도 세츄레이션(Sat) 장치를 제공하고 있으며, 각각 사용 여부를 결정할 수 있는 On/Off 버튼을 제공합니다.

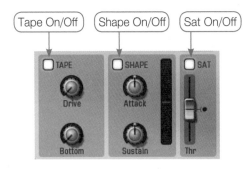

Tape On/Off   Shape On/Off   Sat On/Off

TAPE   SHAPE   SAT

Drive   Attack

Bottom   Sustain   Thr

TAPE

Drive

Bottom

Tape은 말 그대로 아날로그 테잎으로 녹음한 사운드를 시뮬레이션하는 장치이며, Drive로 그 정도를 조정합니다. Bottom은 장치 적용은 감소되는 저음역을 보강합니다.

Shape는 사운드의 어택(Attack)과 서스테인(Sustain) 레벨을 조정합니다. 작업하는 곡에 어울리는 톤을 만들 때 매우 유용한 이펙트 입니다.

세츄레이션(Sat)은 배음역의 레벨을 조정합니다.
Tape, Sharpe, Sat 모두 아날로그 사운드를 재현하는 장치로 과도한 사용은 잡음을 유발할 수 있습니다.

Output : 원음과 Inserts FX에서 사용하는 모든 이펙트의 출력 레벨 비율을 조정합니다.
Inserts : 인서트 이펙트의 사용 여부를 결정합니다.
Sends : 센드 이펙트의 사용 여부를 결정하며, Sends 1과 Sends2의 전송 레벨을 조정할 수 있습니다.

Sends FX는 믹서의 Send FX 또는 Top 섹션의 FX 버튼을 선택하여 열 수 있으며, 각 채널의 상단에는 Sends1과 Sends 2의 적용 레벨을 조정할 수 있는 슬라이더가 열립니다.

Bus

실무에서 드럼 채널을 믹싱할 때 전체 채널을 하나의 채널로 리샘플링하여 섞는 기법을 많이 사용하는데, Addictive Drums는 자체적으로 Bus 채널을 지원하고 있어 번거로운 작업없이 같은 효과를 연출할 수 있습니다. Bus 채널을 선택하면 각 채널 상단에 Bus로 전송할 양을 조정하는 슬라이더가 보입니다.

Bus 레벨 조정 · Bus 채널

Copy & Paste

Strip 라인의 Kitpiece 설정과 Insert FX 라인의 이펙트 설정은 마우스 오른쪽 버튼을 클릭하여 복사(Copy)할 수 있으며, 다른 악기에서 Paste로 붙여서 사용할 수 있습니다. 단축 메뉴는 선택 장치 또는 전체(All)로 구성됩니다.

Copy & Paste

06 FX

센드로 적용되는 공간계 이펙트의 딜레이와 리버브를 컨트롤할 수 있는 페이지 입니다. Addictive Drums는 노래방에서와 마찬가지로 딜레이와 이펙트를 혼합한 에코 사운드를 만들 수 있는 독특한 타입의 DELERB라는 이름의 FX1과 FX2 라인을 제공하고 있습니다.

각 라인에는 딜레이와 리버브, 그리고 이를 혼합할 수 있는 크로스 페이더와 EQ를 적용할 수 있는 패널로 구성되어 있습니다.

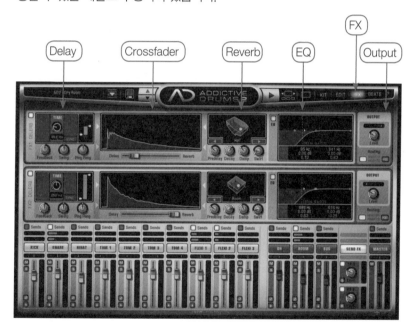

Addictive Drums

Delerb

Delerb는 딜레이(Delay)와 리버브(Reverb)의 합성어로 왼쪽이 딜레이 오른쪽이 리버브 섹션이며, 가운데는 딜레이와 리버브의 비율을 조정하는 크로스 페이더로 구성되어 있습니다.

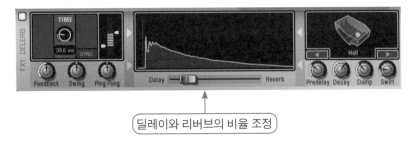

딜레이와 리버브의 비율 조정

딜레이는 사운드를 반복시키는 역할을 하며, 섹션은 Time, Feedback, Swing, Ping Pong, Range의 컨트롤러로 구성되어 있습니다.

• Time : 사운드가 반복되는 타임을 설정하며, Sync 버튼을 On으로 하면, 비트 단위로 선택할 수 있습니다.
• Feedback : 반복되는 사운드의 레벨을 조정합니다.
• Swing : 반복되는 사운드에 셔플 효과를 추가합니다.
• Ping Pong : 반복되는 사운드가 왼쪽과 오른쪽으로 왔다 갔다 하게 합니다.
• Range : 딜레이가 적용되는 주파수 범위를 조정합니다.

리버브는 사운드의 공간감을 만드는 역할을 하며, 섹션은 Type, Pre delay, Decay, Damp, Swirl의 컨트롤러로 구성되어 있습니다.

• Type : 공간 타입을 선택합니다. 엠비언스(Amb), 룸(Room), 홀(Hall), 플레이트(Plate)의 4가지 타입을 제공합니다. 그림을 클릭하거나 이전/다음 버튼을 클릭하여 선택할 수 있습니다.

• Pre delay : 리버브 효과가 시작되는 타임을 설정합니다.

• Decay : 리버브 타임을 조정합니다.

• Damp : 고음역의 리버브 양을 조정합니다.

• Swirl : 리버브 여운의 길이를 조정합니다.

EQ

Delerb에 EQ를 적용합니다. 저음역과 고음역을 컨트롤할 수 있는 2개의 밴드를 제공하고 있으며, 디스플레이의 점선을 드래그하여 범위를 설정할 수 있습니다.

Output

Delerb의 아웃 레벨을 조정할 수 있는 Level 노브와 팬과 범위를 조정할 수 있는 슬라이더를 제공합니다. 슬라이더를 위/아래로 드래그하면 범위가 조정되고, 좌/우로 조정하면 팬이 조정됩니다. Routing은 Delerb를 Master 트랙 Inserts 전(Pre)에 적용할 것인지. 후(Post)에 적용할 것인지를 선택합니다.

Send FX 트랙에는 Delerb 적용 전/후의 사운드를 비교할 수 있는 Bypass 버튼을 제공합니다.

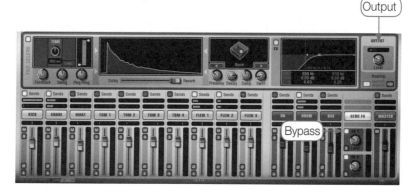

07 BEATS

Beats 페이지에서는 연주 패턴을 검색하고 편집할 수 있습니다. 목록은 메인(Main)과 바리언트(Variant)으로 표시되며, 큐베이스나 로직 트랙으로 드래그하여 미디 파일로 사용할 수 있습니다. Beats 페이지에서 패턴을 편집할 수 있지만, 보통은 원하는 연주 과 비슷한 패턴을 찾으면, 호스트 프로그램으로 드래그하여 가져다 놓고, 노트를 편집 하는 것이 일반적입니다.

화면 구성은 목록을 중심으로 상단에 패턴 검색을 위한 Filters와 Grid Search 패 널이 있고, 오른쪽에는 Shortlist와 Transform 패널을 열 수 있는 탭과 트랜스포트 (Transport) 패널이 있습니다.

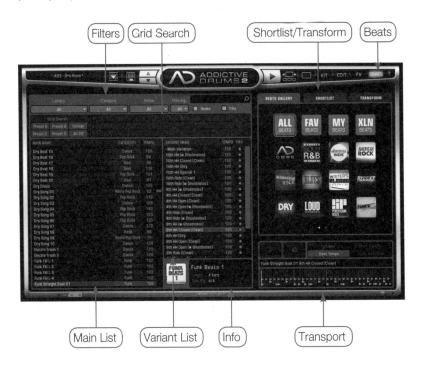

Filters

라이브러리(Library), 카테고리(Category), 템포(Tempo), 박자(Time Sig)를 구분해서 Main 목록에 표시할 항목들을 선택합니다. Beats와 Fills 연주 표시 여부를 선택하거나 검색어를 입력하여 범위를 줄일 수 있습니다.

검색 창

예를 들어 Category에서 Dance를 선택하면 댄스 리듬에 어울리는 연주 패턴이 Main 리스트에 표시되고, 메인 패턴을 선택하면 파트별 연주 패턴이 Variant 리스트에 표시됩니다. 각 패턴을 모니터해보고, 마음에 드는 것이 있다면, 큐베이스이나 로직 트랙으로 드래그하여 드럼 트랙을 완성할 수 있습니다.

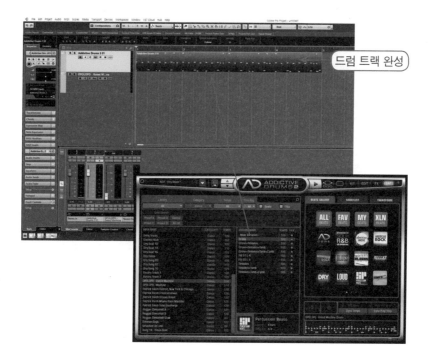

드럼 트랙 완성

Grid Search

사용자가 원하는 연주 패턴을 입력하여 비슷한 유형의 목록만 검색하거나 편집할 수 있습니다. 기본적으로 가장 많이 사용하는 4개의 Preset과 선택한 패턴과 비슷한 것을 찾는 Similar 버튼을 제공하고 있으며, 16비트로 편집하여 검색 할 수 있습니다. Replace 버튼을 클릭하면 선택한 연주 패턴을 사용자가 입력한 패턴으로 변경할 수 있습니다.

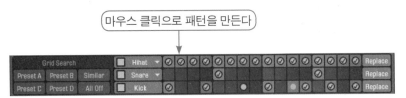

즐겨 사용하는 연주 패턴이 있다면, FAV 옵션을 체크하여 FAV Beats 라이브러리에 담아 놓을 수 있습니다.

Short List

Shortlist 탭은 FAV Beats와 마찬가지로 즐겨 사용하는 패턴을 드래그하여 하나의 그룹으로 관리할 수 있는 탭입니다.

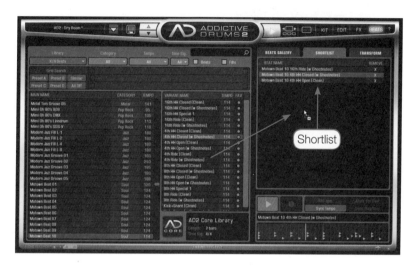

Transform

벨로시티, 연주 타이밍, 주법 등의 패턴을 편집하여 곡에 어울리는 그루브를 빠르게 연출할 수 있는 탭입니다.

Addictive Drums

편집 섹션은 Velo, Accents, Random, Kitpiece & Reassign, Speed, Length가 있습니다.

● Velo : 연주되는 벨로시티의 범위를 제어합니다.

● Accents : 8비트와 16비트로 액센트 타이밍을 제어합니다.

● Random : 연주 타이밍과 벨로시티를 무작위로 변경되게 하여 인간적인 연주를 만듭니다.

● Kitpiece & Reassign : 악기의 벨로시티와 주법을 제어할 수 있습니다. 주법은 오른쪽 메뉴에서 선택합니다. 뮤트와 솔로 버튼도 있습니다.

● Speed : 연주 속도를 선택합니다.

● Length : 연주 길이를 선택합니다. Reset 버튼을 클릭하면 모든 섹션을 초기화 합니다.

Transport

● Sync Tempo : 호스트 프로그램 템포로 연주되게 합니다.

● Sync Play/Stop : 호스트 프로그램의 재생/정지 신호로 동작되게 합니다.

● Mark 1st Beat : 시작 위치를 지정할 수 있습니다. 버튼을 클릭하고, 호스트 프로그램에서 원하는 위치를 클릭하면 됩니다.

● Record : 사용자 연주를 녹음하여 My Beats 라이브러리에 저장합니다.

08 맵핑

Beats 버튼 오른쪽의 물음표(?) 모양의 아이콘을 클릭하여 메뉴를 열고, Map Window 를 선택하면 기본적으로 설정되어 있는 키 맵을 변경할 수 있는 창이 열립니다.

메뉴 열기

화면 구성은 왼쪽에 사전 설정된 미디 드럼을 맵핑할 수 있는 Map Preset과 고급 설정을 위한 CC Hihat, Positional, Cym Chokes 탭이 있고, 가운데는 Edit 페이지에서 보았던 Kitpiece와 Stroketype List가 있고, 오른쪽에 맵핑 노트를 확인할 수 있는 건반이 있습니다.
Edit 페이지와 동일한 Kitpiece를 제외한 나머지 패널의 역활과 패드 컨트롤러 연결 방법을 살펴보겠습니다.

Map Preset

Alesis, Roland, Yamaha 등에서 출시한 미디 드럼을 간편하게 연결할 수 있는 메뉴입니다.

미디 드럼은 고가라는 단점에도 불구하고, 가정에서 연주할 수 있다는 강점때문에 찾는 사람들이 있습니다.

이때 모듈이 빠진 제품을 구입하고 Addictive Drums 을 사용한다면 상당한 비용을 절감할 수 있습니다.

아래쪽의 MIDI Monitor는 연주되는 노트와 악기를 모니터하며, 오른쪽의 Global Velocity는 Kit 전체 벨로시티 범위를 조정합니다.

Map Preset 메뉴에서 Save를 선택하면 사용자가 설정한 키 맵을 저장할 수 있습니다. 저장 위치는 C:\User\문서\Addictive Drums 2\00100 입니다.

패드 연결

Learn

패드를 연결하는 방법은 간단합니다.
연주 타입 리스트 상단의 Kitpiece 또는 오른쪽 건
반에서 악기를 선택합니다. 그리고 목록에서 연주
할 주법의 Learn 버튼을 클릭하고, 패드를 연주하
면 연결됩니다.

CC Hihat

하이햇을 미디 컨트롤 정보로 열거나 닫을 수 있습니다.
컨트롤 값에 따라 총 6개의 주법을 선택할 수 있지만,
서스테인 페달로 Close 1과 Open D만 연결해도 리얼
드럼 효과를 얻을 수 있습니다.

① CC Number의 Learn 버튼을 On으로 하고, 서스테
인 페달을 밟거나 또는 패드 컨트롤러에서 노브나 페이
더를 움직여 연결합니다.

② 노브나 페이더를 연결한 경우에는 포인트를 드래그하여 컨트롤하기 쉬운 값으로 설
정합니다. 서스테인 페달은 연결한 경우라면 CC Reverse를 체크하여 리얼 드럼과 동
일한 방향으로 동작되게 할 수 있습니다.

③ 음색을 하나만 선택할 수 있는 서스테인 페달을
연결한 경우라면 Kitpiece의 L 버튼을 클릭하여 원
하는 사운드를 설정합니다.

Positional

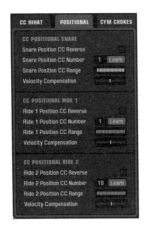

연주 위치에 따라 사운드가 달라지는 Snare와 Ride에
컨트롤 정보를 연결합니다.

Learn으로 연결하는 방법은 동일하며, Position CC
Range로 범위를 지정합니다.

Cym Chokes

크래쉬 및 라이드 심벌을 손으로 잡아 진동을 멈추게
하는 Chokes 주법을 On/Off 합니다.

이는 애프터터치 정보로 컨트롤 하며, 패드를 누른 상
태에서 한 번 더 힘을 주어 누를 때 발생합니다. 단, 애
프터터치를 지원하지 않는 제품도 있으므로, 꼭 필요한
기능이라면 패드를 구매할 때 확인할 필요가 있습니다.

Snapshot

악기 아래쪽 카메라 모양의 Snapshot 버튼은 현재 설정을 저장하며, 번호를 선택하
여 이동할 수 있습니다. 그리고 Addictive Drums에서 연주되는 모든 사운드는 Wav
파일로 기록되며, Wav 아이콘을 호스트 프로그램으로 드래그하여 오디오 소스로 사
용할 수 있습니다.

멀티 트랙 사용하기

드럼은 멀티 트랙 사용이 필수 입니다. 사용 방법은 다른 플러그-인과 비슷합니다. 플러그-인 창 오른쪽 상단 모서리의 메뉴 버튼을 클릭하여 열고, Activate Outputs에서 멀티로 사용하고 싶은 채널을 모두 체크 합니다.

메뉴 버튼

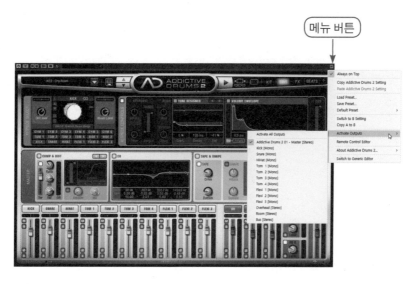

믹서의 아웃 버튼을 클릭하여 메뉴를 열고, Separate Out을 선택합니다. Alt 키를 누른 상태에서 선택하면 모든 채널을 한 번에 변경할 수 있으며, 볼륨 페이더 전(Pre Fader)과 후(Post Fader) 선택이 가능합니다.

아웃 버튼

Addictive Drums

257

Part 06

Steven Slate Drums

01 레이아웃

세계적인 음악 프로듀서 Steven Slate가 직접 제작하고, Kontakt 용 라이브로리로 시작하여 Best VST Drums Top 5까지 올라온 플러그인 입니다.
사운드의 퀄리티는 레코딩과 믹싱에서 결정된다는 마케팅으로 다른 제품이 패턴을 연주한 드러머나 레코딩에 사용된 드럼 세트를 광고할 때, 자신의 이름을 메인에 걸고, 확장팩까지 모두 스튜디오 엔지니어나 프로듀서의 이름으로 출시하고 있는 자신감만큼은 1위의 제품입니다.

SSD는 본서에서 살펴보는 드럼 중에서 유일하게 독립적으로 실행할 수 있는 스탠다드 모드를 지원하지 않지만, 플러그-인 모드를 사용하는 컴퓨터 뮤지션에게는 별 상관이 없습니다.

화면은 왼쪽에 페이지를 선택하는 버튼들이 있고, 오른쪽에 페이지가 열리는 구조이며, 초기 화면은 Construct Kit 입니다. 참고로 SSD는 stevenslatedrums.com에서 무료(라이브러리 1개)로 다운받아 제한 없이 사용할 수 있습니다.

02 킷 로딩과 저장

Construct Kit 페이지는 Library, Category, Kit Name 칼럼으로 구분되어 있으며, Kit Name 목록에서 더블 클릭하여 드럼 킷을 로딩할 수 있습니다.

Inst 버튼을 선택하면 타입별 악기 목록을 볼 수 있으며, Drum Name을 더블 클릭하여 모니터할 수 있고, 그림으로 드래그하여 변경할 수 있습니다.

악기를 empty 슬롯으로 드래그하면 2개 이상의 샘플이 함께 연주되는 레이어로 구성할 수 있습니다.

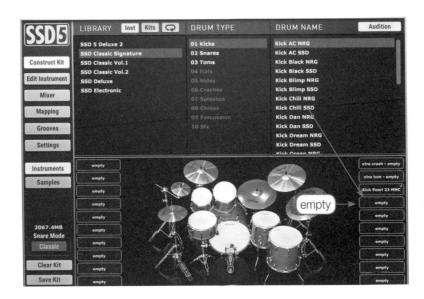

레이어로 구성한 악기는 Mixer 페이지에서 사운드의 비율을 조정하여 사용자만의 킷을 만들 수 있습니다.

사용자가 만든 킷은 Save Kit을 선택하여 저장할 수 있습니다.

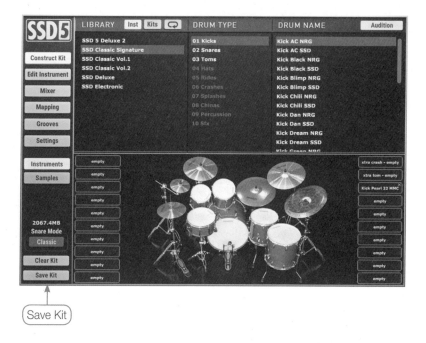

저장한 킷은 User 라이브러리에서 선택할 수 있습니다.

03 악기 편집과 멀티 아웃

Edit Instrument 페이지에서는 선택한 악기의 볼륨이나 엔벨로프를 편집할 수 있습니다.

볼륨(Volume)과 음정(Tune)을 조정합니다.
여러 주법이 노트 별로 할당되어 있는 경우에는 노트 별로 조정할 수 있습니다.

Microphone : 오버헤드와 룸 마이크를 비롯한 조정할 마이크를 선택합니다.
Routing Destination : 아웃 포트를 선택합니다.
Volume : 마이크 볼륨을 조정합니다.
Pan : 마이크 방향을 조정합니다.
ADSL : 엔벨로프 라인의 어택(Attack), 디케이(Decay), 서스테인(Sustain), 릴리즈
(Release) 타임을 조정합니다. Link 버튼을 클릭하면 동시에 적용됩니다.

Routing Destination(멀티 트랙)을 사용하기 위해서는 메뉴에서 Activate Output의
채널을 활성화 시켜야 하며, 채널은 믹서의 아웃풋에서 선택하는 것이 일반적입니다.

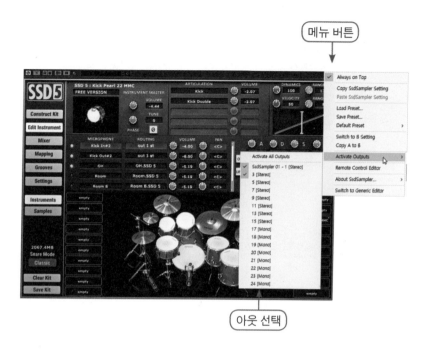

Dynamics Curve : 다이내믹 범위를 조정합니다.

Velocity Curve : 벨로시티 감도를 조정합니다.

Range Max/Min : 벨로시티 범위를 조정합니다.

SSD

04 그루브 패턴

Grooves는 연주 패턴 목록을 볼 수 있으며, 큐베이스나 로직 등의 호스트 프로그램으로 드래그하여 사용할 수 있습니다. Steven Slate Drums은 사용하기 쉬운 심플한 구성을 갖추고 있으며, 무엇보다 연주 패턴이 유명 드러머의 연주를 리얼로 기록한 것이라는 강점을 가지고 있는 제품입니다.

Autoplay 버튼을 On으로 하면 Groove Name을 선택할 때 자동으로 연주되게 할 수 있으며, 속도를 두 배 느리게 또는 빠르게 할 수 있는 버튼이 제공되고 있습니다.

05 맵핑

Mapping 페이지에서 패드 컨트롤러에 어울리는 맵핑 작업을 할 수 있습니다. 악기를 원하는 노트로 드래그하는 동작으로 맵핑을 하기 때문에 Learn 기능을 제공하는 다른 VST 보다는 불편하지만, Set as Default 버튼을 클릭하여 기본값으로 설정을 하면, 모든 라이브러리의 킷을 사용자가 설정한 맵핑으로 연주할 수 있다는 장점이 있습니다. 패드를 연주하면 해당 노트가 빨간색으로 표시되기 때문에 악기를 드래그 하기 전에 맵핑 노트를 미리 확인할 수 있습니다. 맵핑은 Save Preset 버튼을 클릭하여 저장할 수 있고, Load Preset 버튼을 클릭하여 언제든 불러올 수 있습니다. Alesis, Roland, Yamaha 등의 미디 드럼 세트를 기본 제공합니다.

Steven Slate Drums은 심플한 구성으로 쉽게 사용할 수 있고, 해외 유명 연주자들의 그루브 패턴을 그대로 사용할 수 있다는 장점으로 컴퓨터 뮤지션들에게 끊임없는 사랑을 받고 있는 제품입니다.

Part 07

Drums Mixing

01 트랙 준비

리얼 드럼의 퀄리티는 녹음 과정에서 결정되기 때문에 이 과정이 필요 없는 VST Drums의 믹싱은 한결 쉽습니다. 다만, 음악 장르와 취향에 따라 천차만별이기 때문에 정답을 제시할 수는 없고, 실습을 참조하여 스스로 많이 해보는 수 밖에 없습니다.

음악을 전공하는 학생들은 물론이고, 이미 음악 활동을 하고 있는 사람들 중에도 '알고 있는 것과 할 줄 아는 것'을 착각하는 경우가 많습니다. 음악은 '알고 있다'를 '할 줄 안다'고 스스로를 인정하고 연습하지 않으면, 10년이 지나도 실력은 나아지질 않습니다. 특히, '내가 옳고 너는 틀리다' 라는 생각을 갖는 순간부터 그 사람의 음악 실력은 거기서 끝입니다. 음악을 직업으로 삼고 싶다면, 항상 겸손한 마음으로 지금 하고 있는 연습이 옳은지, 작업은 최선이었는지 등을 체크하면서 끊임없이 공부하는 습관을 가져야 합니다.

드럼 믹싱은 음악 장르와 취향에 따라 다르기 때문에 실습은 전반적인 밸런스를 잡은 방향으로 진행하겠습니다. 이것을 기본으로 자신이 만든 음악에 응용하는 것은 스스로의 몫입니다. 세부적인 학습이 필요한 경우에는 〈믹싱과 마스터링〉 서적을 참조하기 바랍니다.

오디오 만들기

실습은 BFD3로 진행을 하겠지만, 앞에서 살펴본 Top 5 중에서 즐겨 사용하는 제품으로 진행을 해도 좋습니다. Presets은 Mix 버튼을 Off하고, BFD3 Country 105bpm을 더블 클릭하여 로딩합니다. 프리셋도 평소에 즐겨 사용하는 것을 선택해도 좋습니다.

Mix 설정을 로딩하지 않았기 때문에 볼륨은 모두 0dB이고, 이펙트도 사용되고 있지 않아 사운드가 시끄럽습니다.

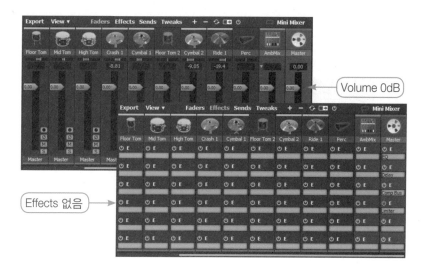

Mix 설정을 로딩하면 볼륨이 세팅되어 있고, 트랙 마다 다양한 이펙트가 적용되어 믹싱이 완료된 상태입니다. 사운드는 훨씬 듣기 좋지만, 작업 중인 음악에 녹아 들게 하려면 더 많은 컨트롤이 필요할 수 있습니다. Mix 설정을 로딩하여 볼륨 세팅을 사용하더라도 이펙트는 모두 Off하는 것이 좋습니다.

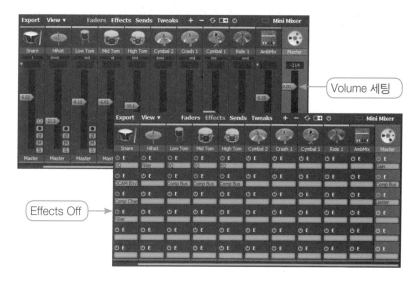

보통은 멀티 트랙을 활성화하여 믹싱 작업을 하지만, 리얼 드럼 연주를 녹음하여 믹싱을 해야 하는 사용자들도 있을 것이므로, 오디오 파일로 익스포팅하여 진행하겠습니다. Export 버튼을 클릭하여 창을 엽니다.

폴더 선택 버튼을 클릭하여 파일이 저장될 위치를 선택하고, All 버튼을 클릭하여 모든 악기를 선택합니다. 그리고 Export 버튼을 클릭하고, Play 버튼을 클릭합니다. 녹음이 완료되면 Stop으로 바뀐 Export 버튼을 클릭합니다.

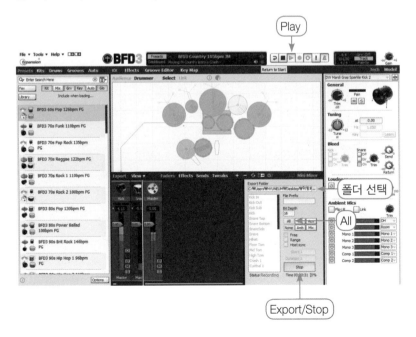

트랙 정리

저장한 폴더를 열고, Ctrl+A 키를 눌러 모든 파일을 선택합니다. 그리고 큐베이스 작업
공간으로 드래그하여 가져다 놓습니다.

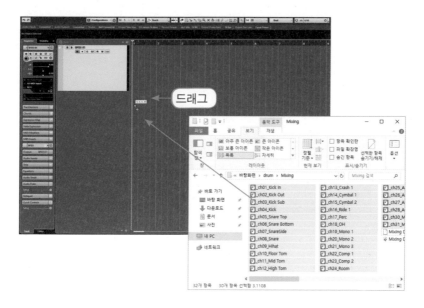

트랙 배치는 Different tracks을 선택하여 악기마다 트랙이 생성되게 하고, 임포트 옵
션은 OK 버튼을 클릭하여 닫습니다. 실제 작업을 할 때는 Copy Files to Working
Directory 옵션을 체크하여 작업 중인 음악 폴더로 복사하는 것이 좋습니다.

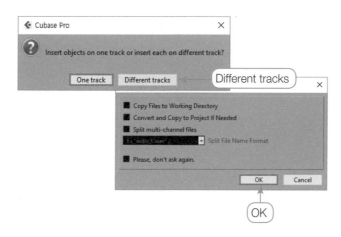

Drums Mixing

BFD3 인스트루먼트 트랙을 비롯하여 비어있거나 필요 없는 트랙을 Ctrl 키를 누른 상태로 선택하고, Shift+Delete 키를 눌러 삭제합니다.

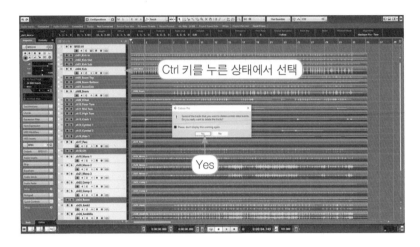

트랙 이름을 더블 클릭하여 파일 이름 앞에 붙은 채널 번호를 지우고, 드랙 위치도 마우스 드래그로 수정합니다. 실습은 1-Kick In, 2-Kick Out, 3-Snare top, 4-Snare Bottom, 5-Overhead(OH), 6-Hihat, 7-Crash, 8-Mid Tom, 9-Floor Tom의 기본 세트로 정리하였습니다. 다른 Preset이나 VST로 실습을 진행하는 경우라면 구성 악기가 다를 수 있습니다.

F3 키를 눌러 믹서를 열고 마스터 트랙을 보면, 여유 레벨(헤드룸)이 없습니다. Visibility 패널에서 Kick in 트랙을 선택하고 Shift 키를 누른 상태에서 Floor Tom 트랙을 클릭하여 모든 트랙을 선택합니다.

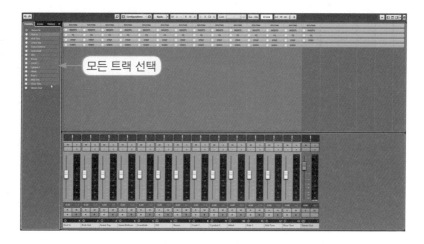

Q-Link 버튼을 클릭하여 On으로 하고, 아무 트랙에서나 볼륨 슬라이더를 내리면, 전체 트랙의 볼륨이 낮아집니다. 보통 -6dB 정도의 헤드룸(Head-room)은 있어야 무리 없는 믹싱 작업을 진행할 수 있습니다.

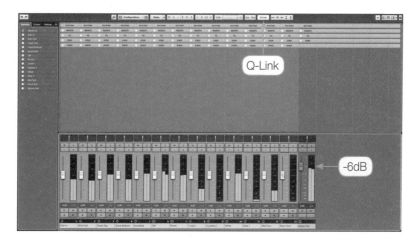

그룹 만들기

드럼 믹싱은 Tom, Cymbal과 같이 여러 트랙을 사용하는 것들을 하나의 그룹으로 묶어서 컨트롤하는 것이 편합니다. 트랙 리스트에서 마우스 오른쪽 버튼을 클릭하여 단축 메뉴를 열고, Add Group Channel Track을 선택합니다.

Track Name 항목에 Kick을 입력하고 Add Track 버튼을 클릭하여 Kick 그룹 트랙을 만듭니다. 같은 방법으로 Snare, Cymbal, Toms, Drums의 그룹 트랙도 만듭니다.

Kick in과 Out 트랙의 아웃 파라미터에서 Groups 폴더의 Kick을 선택하여 연결합니다. 같은 방법으로 Snare Top과 Bottom은 Snare 그룹으로, Crash와 Overhead는 OH 그룹으로, Hihat과 Ride는 Cymbal 그룹으로, Mid와 Floor Tom은 Tom 그룹으로 연결합니다.

Kick 그룹 트랙을 선택하고, Shift 키를 누른 상태에서 Top 그룹 트랙을 클릭하여 모든 그룹 트랙을 선택합니다. 그리고 Shift+Alt 키를 누른 상태로 아웃 파라미터에서 Drums 그룹을 선택합니다. 선택한 모든 트랙의 아웃을 동시에 변경하는 방법입니다.

02 킥 드럼

Gate

드럼 믹싱을 시작할 때 Kick을 먼저하는 사람이 있고, Snare를 먼저하는 사람이 있습니다. 이것은 개인의 작업 스타일이지만, 보편적으로 Kick을 먼저하는 경우가 많습니다. Kick in의 Inserts 슬롯에서 Dynamics 폴더의 Gate를 선택합니다.

Threshold 다이얼을 아래로 내려 최소값 -60dB로 설정하고, 스네어와 하이햇 등의 간섭음이 들리지 않을 때 까지 천천히 값을 올립니다. 실습에서는 -20dB로 설정하고 있습니다.

게이트 시작 타임을 설정하는 Attack은 최소값 0.1ms로 설정하여 빠르게 동작되도록 합니다.

게이트 정지 타임을 조정하는 Release 노브를 위로 올려 최대값 1000ms로 설정하고, 천천히 내리면서 State가 Kick 연주에 맞추어 빨간색이 깜빡이는 타임을 찾습니다. 실습에서는 96ms 정도로 조정하고 있지만, 템포에 따라 달라지므로, 반드시 체크하면서 조정하기 바랍니다.

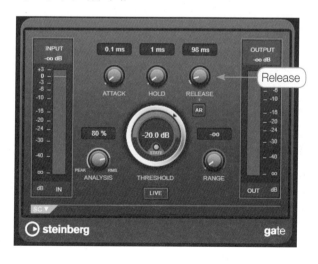

EQ

Inserts 두 번째 슬롯을 클릭하여 EQ 폴더의 Studio EQ를 선택합니다.

band 2번 포인트를 위쪽으로 드래그하여 최대값으로 올립니다. 그리고 좌/우로 천천
히 이동시키면서 공진음이 발생하는 위치를 찾습니다. 잔향이 있는 것처럼 사운드가
길게 연주되는 부분을 찾으면 됩니다.

Gain을 낮춰 공진음이 발생하는 주파수 대역을 줄입니다. 실습에서는 200Hz 부근을 -4.6dB 정도 줄이고 있습니다.

band 4번 포인트를 위쪽으로 드래그하여 천천히 왼쪽으로 이동시키면서 어택이 강하게 들리는 위치를 찾습니다. 그리고 과하지 않은 레벨로 낮춥니다. 실습에서는 4.5KHz 대역을 7dB 정도 증가시키고 있습니다.

살짝 얇아진 톤은 band 1번 밴드를 증가시켜 보충합니다. 실습에서는 110Hz 부근을 9dB 정도 증가시키고 있지만, 취향이나 음악 장르에 따라 변수가 많은 주파수 대역입니다.

Out EQ

녹음 상태에 따라서 달라지겠지만, VST 드럼의 경우에는 특별히 Gate 설정을 다르게 할 필요가 거의 없습니다. Kick in에 장착한 것을 Alt 키를 누른 상태로 드래그하여 Kick out 슬롯으로 복사합니다.

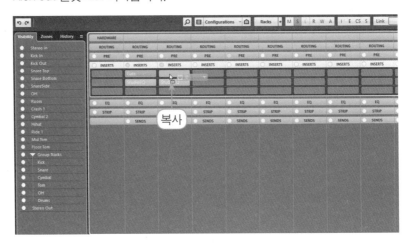

※ 대부분의 VST 드럼은 Gate를 사용할 필요가 없을 정도로 깨끗한 소스를 제공하므로, 반드시 모니터 후에 사용 여부를 결정합니다.

계속해서 EQ 폴더의 Studio EQ를 선택합니다. 이큐잉 작업은 Kick in과 동일합니다. 다만, Kick in에서는 어택을 강조하는 것이 목적이었다면, Kick out은 울림을 강조하는 것이 목적입니다. 실습에서는 270Hz 부근을 -10dB 정도 줄이고, 100Hz의 저음역은 9dB, 4KHz 대역 이상의 고음역은 3dB 정도 증가시키고 있습니다. 반드시 모니터를 해보면서 변화를 느껴보기 바랍니다.

Kick in과 Out의 볼륨 밸런스를 조정합니다. Kick in 볼륨을 내렸다가 천천히 올리면서 어택이 분명해지는 값을 찾고, Kick Out 볼륨을 내렸다가 천천히 올리면서 단단해지는 느낌이 드는 값을 찾는 것이 요령입니다. 밸런스 조정 후에 하나로 들리지 않으면 EQ를 수정할 필요가 있습니다.

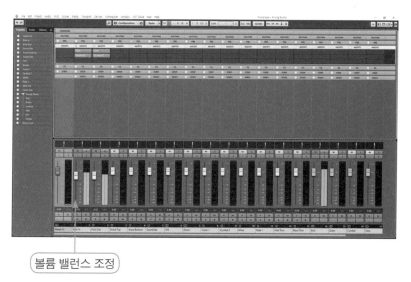

볼륨 밸런스 조정

Group EQ

Kick 그룹 트랙의 Inserts 슬롯에서 Studio EQ를 장착합니다. 이큐잉 작업은 비슷하지만, 전체적인 주파수 밸런스를 보정하는 정도로 살짝 만지는 것이 포인트입니다. 실습에서는 100Hz 부근을 7dB 정도 증가시키고, 230Hz 부근을 -2dB 정도 감소시키고, 5KHz 이상을 2dB 정도 증가시키고 있습니다.

EQ 다음 슬롯에서 Dynamics 폴더의 Compressor를 선택하여 장착합니다. 압축 비율을 결정하는 Ratio를 4로 설정하고, 게인 리덕션(GR)이 -8dB에서 -10dB 정도가 되게 Threshold를 조정합니다.

드럼의 어택이 압축되면 파워가 떨어지므로, Attack 노브를 천천히 올리면서 드럼의 어택이 살아나는 타임을 찾습니다. 어택과 서스테인 구간의 차이는 Threshold를 조금 더 내려 맞춥니다.

Release 타임이 길면, 비트마다 어택이 일정하게 연주되지 않습니다. 값을 천천히 내리면서 일정하게 연주되는 타임을 찾습니다. 경험이 부족한 초보자라면 오토 모드(AR)로 사용해도 좋습니다.

285

03 스네어 드럼

Phase

리얼로 녹음을 할 때 Top과 Bottom 마이크로 수음되는 스네어는 파형이 반대로 녹음되는 경우가 많습니다. 대부분의 VST Drums도 실제 연주를 녹음한 것이기 때문에 이러한 현상이 발생할 수 있습니다. 트랙을 확대하여 확인합니다.

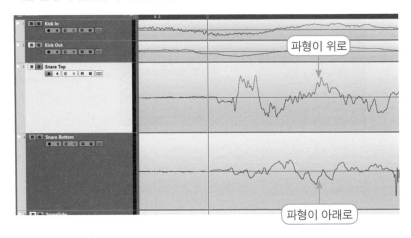

믹서의 Racks 메뉴를 클릭하여 목록을 열고, Pre 항목을 선택하여 표시되게 합니다.

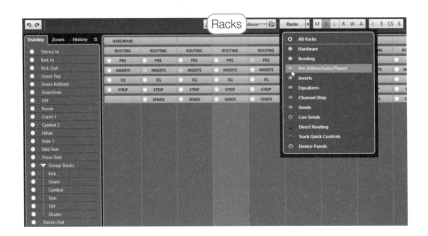

Top과 Bottom 스네어 트랙을 솔로로 모니터하면서 Phase 버튼을 On/Off 해봅니다. Phase는 파형을 뒤집는 역할을 하지만, 계속되는 현상이 아니므로, 반드시 모니터를 해보고 On/Off를 결정해야 할 것입니다.

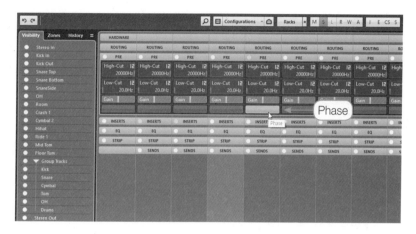

Phase 버튼을 On으로 하여 파형을 일치시키면 사운드가 커집니다. Bottom 트랙의 레벨을 완전히 줄였다가 천천히 올리면서 Top과 어울리게 조정합니다.

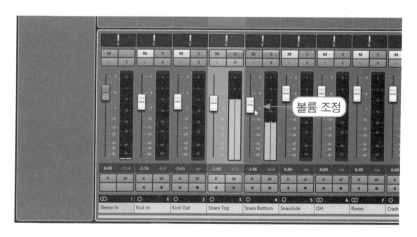

Drums Mixing

Compressor

Snare Top 트랙의 Inserts 슬롯에서 Dynamics 폴더의 Compressor를 선택하여 장착합니다.

Ratio를 4로 설정하고, 게인 리덕션이 -8dB 정도가 되게 Threshold를 조정합니다.

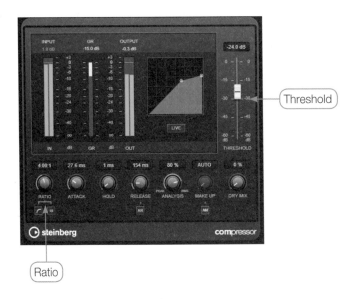

Attack을 최소 값으로 줄이고, 천천히 올리면서 스네어의 어택이 분명하게 들리는 타임을 찾습니다. GR이 줄면 Threshold를 다시 조정하여 4dB 정도의 게인 리덕션이 되게 합니다.

Attack

Release를 최대 값으로 올리고, 천천히 줄이면서 스네어의 레벨이 일정하게 유지되는 타임을 찾습니다.

Release

Compressor 다음 슬롯에 Studio EQ를 장착하고, Kick에서와 마찬가지로 공진음
이 발생하는 주파수를 찾아 줄입니다. 실습에서는 1KHz 대역을 Q 값 0.5로 조금 넓
게 -3dB 정도 줄이고 있습니다.

저음역을 올려 울림을 증가시키고, 고음역을 올려 어택을 강조합니다. 실습에서는
170Hz 이하의 저음역을 10dB 정도 올리고, 5.4KHz 이상의 고음역을 4dB 정도 증가
시키고 있습니다.

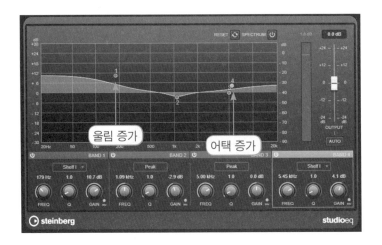

저음역이 증가하여 울림은 커졌지만, Kick 드럼의 간섭음도 커졌습니다. EQ 랙을 열고,
Bend 1을 On 합니다. 그리고 High Pass 1타입을 선택합니다.

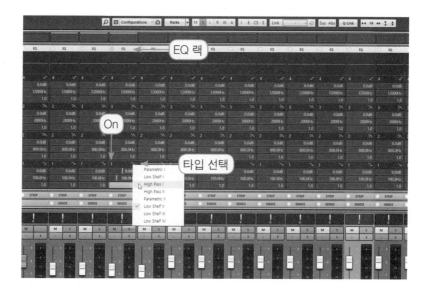

사운드를 모니터하면서 Kick 간섭음이 들리지 않게 프리퀀시를 조정합니다. 완벽한 제
거는 어려우므로, 너무 욕심을 내어 스네어 사운드가 변하지 않게 하는 것이 요령입니
다. 실습에서는 120Hz 이하를 차단하고 있습니다.

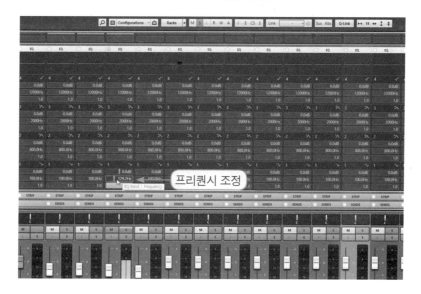

Drums Mixing

Snare Bottom

Kick의 간섭이 많아서 EQ만으로는 해결하기 어렵습니다. Dynamics 폴더의 Gate를 선택하여 장착합니다.

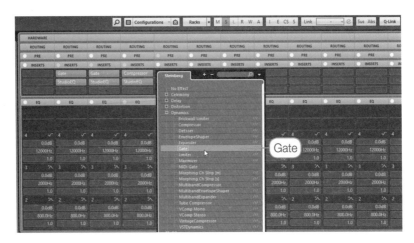

Attack을 최소값으로 설정하고, State LED를 보면서 Threshold 값을 조정합니다. 그리고 바로 아웃될 수 있게 Release 타임을 천천히 줄입니다.

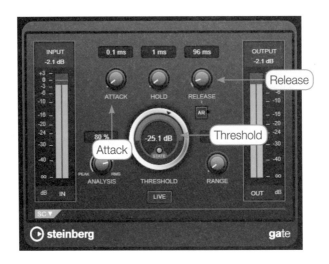

Gate 다음 슬롯에 Compressor를 장착합니다. Ratio는 기본값 2로 두고, 게인 리덕션 (GR)이 4-5dB 정도가 되게 Threshold를 조정합니다.

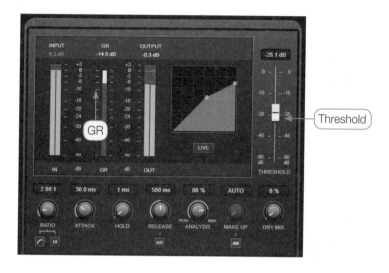

Attack을 최소값으로 놓고, 천천히 올리면서 어택이 들리는 타임을 찾습니다. 그리고 Release를 최대값으로 놓고, 천천히 내리면서 톤이 변하지 않을 때까지 줄입니다.

Compressor 다음 슬롯에 Studio EQ를 장착하고, 90Hz 이하의 저음역을 차단합니다. 그리고 타격음이 들리는 1.2KHz 대역을 -3dB 정도 줄이고, 6.5KHz 이상을 3dB 정도로 올려 밝게 만듭니다.

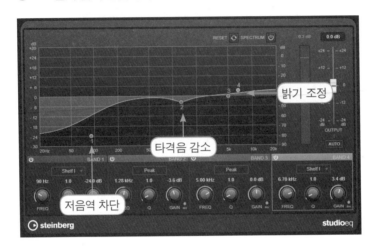

Snare Bottom 볼륨을 완전히 줄이고, 천천히 올리면서 Snare Top과의 밸런스를 조정합니다. Top 사운드에 밝기가 더해지는 느낌이면 좋습니다.

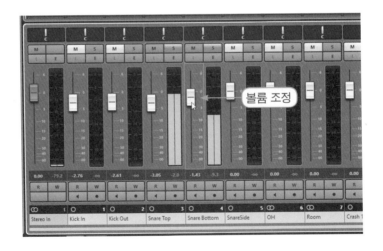

Snare Group

Snare Group 트랙에 Compressor를 장착하고, Raito를 4로 설정합니다. Trheshold 는 GR이 -2dB 정도가 되게 조절하고, Attack을 조금씩 올려 서스테인만 유지되게 합 니다. Release는 AR 버튼을 On으로 하여 오토 모드로 설정합니다.

Kick Group의 볼륨을 -6dB 정도로 설정하고, Snare Group의 볼륨을 완전히 줄였다 가 천천히 올리면서 Kick 레벨과 어울리게 합니다.

04 오버헤드와 심벌

Overheads

OH 그룹 트랙의 EQ 랙을 열고, 1번 밴드를 On으로 합니다. 타입을 High Pass로 선택하고, Crash가 변조되지 않는 한도로 저음역을 차단합니다. 실습에서는 250Hz 이하를 차단하고 있습니다.

Overhead 트랙의 볼륨을 내렸다가 천천히 올리면서 Kick과 Snare 사운드가 커지지 않는 정도로 조정합니다. Crash 트랙의 볼륨도 같은 방법으로 천천히 올리면서 오버헤드 사운드가 증가하지 않을 정도로 조정합니다.

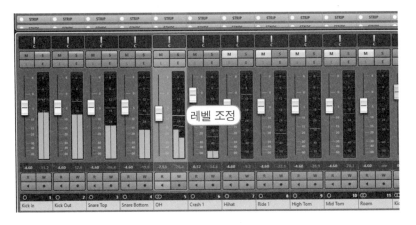

오버헤드 트랙의 레벨을 최대한 억제 해도 심벌이 선명하게 들리게 하려면 Kick과 Snare가 커질 수 밖에 없습니다. 이때 Kick과 Snare의 트랙의 볼륨을 조정하는 것 보다는 EQ를 이용하는 것이 현명합니다. OH 그룹 트랙의 Inserts 슬롯에서 EQ 폴더의 Studio EQ를 장착합니다.

OH 그룹 트랙의 뮤트 버튼을 On/Off 해보면서 Kick과 Snare 트랙의 볼륨 변화를 체크합니다. 그리고 1번 밴드를 드래그하여 변화가 가장 적은 값을 찾습니다. 실습에서는 500Hz 이하를 -5dB 정도 감소시키고 있습니다.

EQ 다음 슬롯에 Compressor를 장착하고, Threshold를 GR이 4dB 정도 되게 조정합니다. Attack은 타격음이 감소될 수 있게 빠르게 설정하고, Release는 심벌의 여운이 커지지 않게 길게 설정합니다.

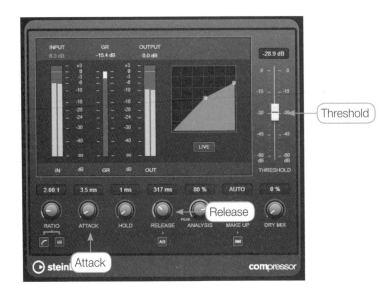

컴프레서로 볼륨에 변화가 생겼습니다. OH 그룹 트랙의 볼륨을 줄였다가 천천히 올리면서 Kick과 Snare 사운드가 확산하는 느낌이 드는 정도로만 조정합니다.

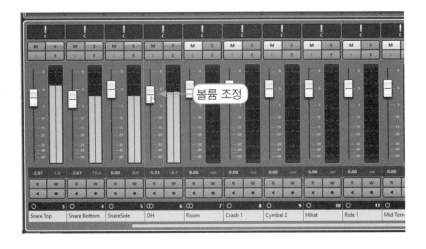

Hihat

EQ 랙에서 살짝 찰랑거리는 느낌이 들게 저음역을 차단합니다. 이것은 음악 스타일이나 취향에 따라 달라지겠지만, 하이햇을 무겁게 만들면 드럼 전체 사운드가 불투명해집니다. 실습에서는 1.2KHz 대역 이하를 차단하고 있습니다.

Insert 슬롯에 Compressor를 장착하고, Ratio를 4로 설정합니다. GR이 8dB 정도 되게 Threshold를 조정하고, Attack은 조금 빠르게, Release는 AR을 On으로 합니다.

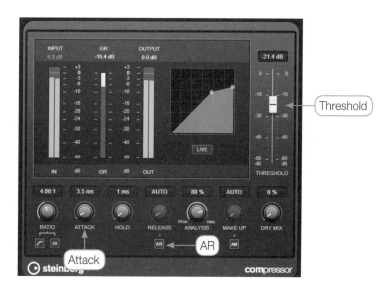

팬을 오른쪽으로 드래그하여 오버헤드의 하이햇 위치와 같게 맞추고, 레벨을 줄였다가 천천히 올리면서 오버헤드의 하이햇이 살짝 밝아지는 느낌이 드는 정도로만 조정합니다.

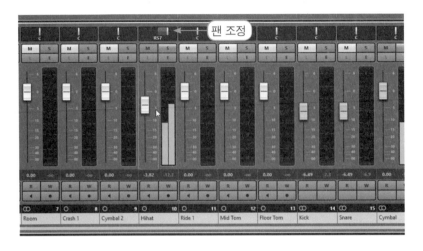

Ride

프리셋에 따라 Ride 연주가 없는 경우도 있고, Crash가 여러 트랙인 경우도 있습니다. 비슷한 주파수이므로, Ride 실습을 Crash 2 트랙에 적용해도 좋습니다. EQ 랙을 열고, 저음역을 차단합니다. 실습에서는 500Hz 이하를 차단하고 있습니다. 심벌 계열은 모두 저음역을 차단하고 있습니다.

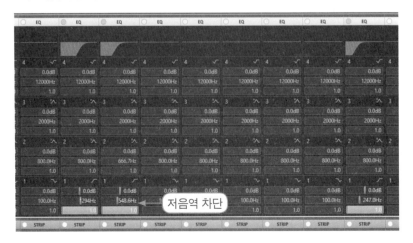

Insert 슬롯에 Studio EQ를 장착하고 600Hz 이하를 -12dB 정도 감소시킵니다. Kick 과 Snare 사운드가 커지지 않게 해당 음역을 줄이는 것이지만, VST에 따라 필요 없 는 경우도 있습니다.

팬을 왼쪽으로 드래그하고, 레벨을 줄였다가 천천히 올리면서 하이햇하게 조정합니 다. 실습에서 팬은 청취자 방향에서 조정하고 있지만, 연주자 방향에서 조정하는 경우 도 많습니다.

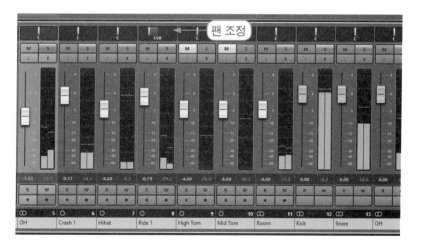

05 탐탐

Floor Tom 트랙의 EQ 랙을 열고, 킥과 겹치는 주파수 이하를 차단합니다. 실습에서는 80Hz 이하를 차단하고 있습니다.

Mid Tom은 오른쪽으로 팬을 돌리고, Floor Tom은 왼쪽으로 돌려서 스테레오폭을 조정합니다. 좌/우가 떨어지지 않고 자연스럽게 연결될 수 있게 조정하는 것이 포인트 입니다. 레벨은 스네어 드럼과 비슷한 수준으로 조정합니다.

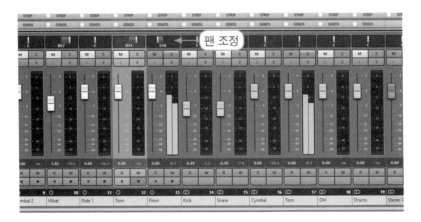

Floor 트랙의 Insert 슬롯에 Studio EQ를 장착하고, 스네어와 겹치는 주파수 대역을 줄입니다. 실습에서는 Q 값을 0.5로 조금 넓게 설정하고, 400Hz 부근을 -4dB 정도 줄이고 있습니다.

살짝 약해진 사운드는 140Hz 이하의 저음역을 10dB 정도 증가시켜 보충하고, 6KHz 이상을 6dB 정도 증가시켜 밝기를 조정합니다. 실습에서 Mid Tom은 볼륨과 팬만 조정하고 있습니다. 소스에 문제가 없다면 굳이 이펙트를 사용할 필요가 없습니다.

Drums Mixing

303

06 리버브

VST 프리셋에 설정되어 있던 리버브를 빼고 오디오 파일을 만들었습니다. 이것은 작업중인 곡에 어울리는 공간감을 만들기 위해서이며, VST 악기를 사용할 때 반드시 기억해야 할 사항입니다. 마우스 오른쪽 버튼을 클릭하여 단축 메뉴를 열고, Add FX Track을 선택합니다.

Count 항목에서 2를 입력하고, Effect 목록에서 Reverb 폴더의 REVelation을 선택합니다. 같은 이펙트라도 두 개의 프리셋을 믹스해서 사용하면 보다 자연스러운 잔향을 만들 수 있기 때문에 두 개의 리버브 트랙을 만드는 것입니다.

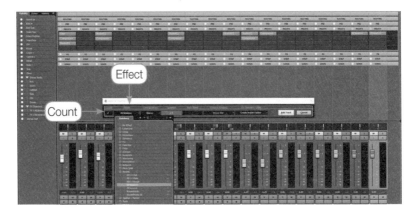

프리셋 항목을 클릭하여 목록을 열고, 검색 창에 amb를 입력합니다. 그리고 검색 목록에서 Ambience Natural을 선택합니다.

두 번째 리버브는 검색 창에 pl을 입력하여 Plate Reverb를 선택합니다.

Snare 그룹 트랙의 Sends 랙을 열고, 슬롯을 클릭하여 FX1-REVerence를 선택합니다.

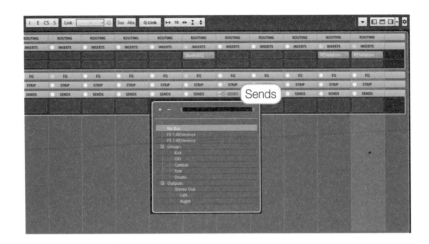

전원 버튼을 On으로 하고, 센드 값을 최대로 올려 스네어 사운드의 울림을 모니터 합니다. 이제 값을 천천히 내리면서 다음 스네어가 연주되기 전까지 울림이 감소되는 값을 찾습니다. 실습에서는 -6dB 정도로 조정하고 있습니다.

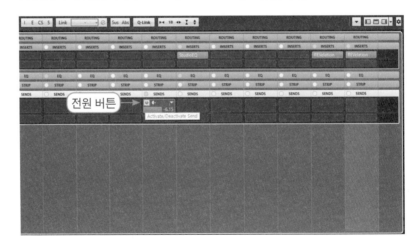

두 번째 슬롯에서 FX2-REVerence를 선택하고, 같은 방법으로 잔향을 조정합니다. 실습에서는 -10dB 정도로 조정하고 FX1-REVerence를 -9dB 정도로 수정하고 있습니다. 반드시 사운드를 모니터하면서 실습을 해야 실제 곡 작업을 할 때 어울리는 잔향을 만들 수 있습니다.

Kick 그룹 트랙의 Sends 랙에서 FX1-REVerence를 선택하고 같은 방법을 레벨을 조정합니다. 실습에서는 -8dB 정도로 조정하고 있으며, FX2-REVerence는 사용하고 않습니다.

Drums Mixing

Snare 그룹 트랙의 Sends 랙을 Shift 키를 누른 상태로 드래그하여 심벌, 오버해드, 탐탐 그룹으로 복사합니다.

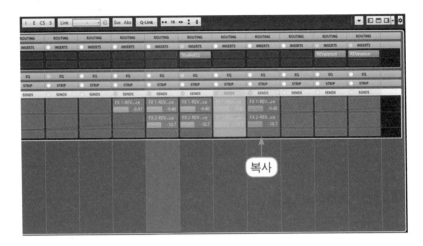

복사한 센드 레벨을 조정합니다. 실습에서 FX1과 FX2는 각각 심벌은 -4dB과 -9dB, 오버헤드는 -3.5dB과 -8dB, 탐탐은 -7.5dB과 -5dB 정도로 조정하고 있습니다. 조정을 할 때는 다른 트랙의 센드 전원을 잠시 Off 해놓고 진행하는 것이 효과적 입니다.

07 드럼 그룹

최종 출력 라인에 해당하는 Drums 그룹 트랙의 Sends 슬롯에서 FX1-REVerence를 선택하고, 레벨을 -17dB 정도로 조정합니다. 살짝 따로 놀던 잔향이 통합되어 한 장소에서 녹음한 듯한 자연스러움이 연출됩니다.

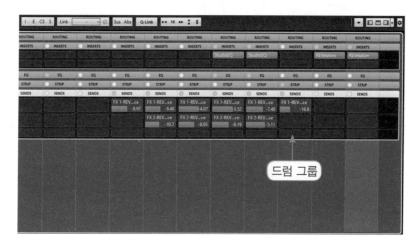

Strip 랙을 클릭하여 열고, Sat 항목에서 Tape Saturation을 선택합니다.

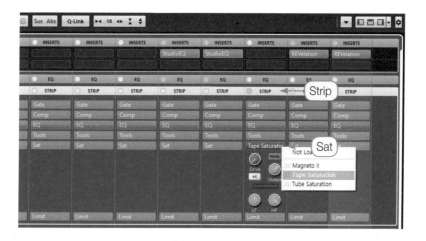

Drums 그룹 트랙의 Insets 슬롯에서 Distrortion 폴더의 Magneto II를 선택합니다.

Magneto II는 배음을 증가시켜 아날로그 특유의 색채를 만드는 Saturation 장치입니다. 너무 깨끗한 사운드의 VST를 사용할 때 리얼 드럼을 녹음한 듯한 효과를 볼 수 있습니다. Saturation 노브를 조금씩 돌려보면서 마음에 드는 사운드를 만듭니다.

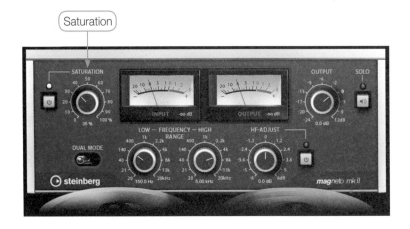

Magneto II 다음 슬롯에 Dynamics 폴더의 Maximizer를 선택하여 장착합니다. Output에서 지정한 레벨 이상은 무조건 압축시키면서 레벨을 증가시킬 수 있는 리미터 입니다. Output을 -6dB로 설정합니다. 6dB 정도의 헤드룸은 가지고 있어야 드럼 외에 트랙 믹싱을 할 수 있기 때문입니다.

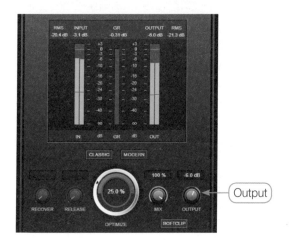

Optimize 노브를 돌려 레벨을 증가시키는 것으로 드럼 믹싱 실습을 마칩니다.
음악 장르에 구분없이 드럼을 믹싱하는 과정은 비슷합니다. 다만, 곡에 어울리는 사운드는 만들고, 자신만의 색깔을 구현하기 위해서는 오랜 연습이 필요합니다. 프리셋 몇 개 연습해보고 지겹다는 생각이 들면, 스스로 믹싱까지 하겠다는 목표는 접고, 작/편곡 공부에만 전념하는 것이 현명합니다.

최이진 실용음악학원(02-887-8883)

학원 선택?
누구에게 배울 수 있는지가 중요합니다!
전 세계 유일의 특허 화성학 저자 최이진에게 직접 배울 수 있는 곳!
EJ 엔터테인먼트 전속으로 졸업생 모두 음악 활동이 가능한 곳!

● *위치 : 2호선 서울대입구역 8번 출구*

보컬	입시반과 연습반으로 운영되고 있으며, 연습반 졸업생은 EJ 엔터테인먼트 전속으로 음반 및 방송 활동 기회를 제공합니다.
작/편곡	세계 유일 화성학 이론 특허를 가지고 있는 노하우로 그 어떤 학교나 학원에서도 배울 수 없는 수업을 접할 수 있습니다.
재즈피아노	수 많은 프로 연주자를 배출한 교육 시스템으로 초, 중, 고급 개인차를 고려한 일대일 맞춤 수업을 진행합니다.
컴퓨터음악	실용음대에서 표준 교재로 사용되고 있는 저자의 일대일 수업. 큐베이스 및 로직의 실무 작업 테크닉을 배울 수 있습니다.
디제잉	초급부터 화려한 테크닉을 숙련시키고 싶은 프로까지 개인별 목적에 맞추어 올바른 디제잉 길로 안내합니다.
기타/베이스	포크, 클래식, 재즈, 일렉 스타일별 맞춤 교육. 십 년 이상의 공연과 수 많은 앨범 섹션 경험을 바탕으로 한 실무 테크닉.

● 정규반 : 기초부터 체계적인 학습을 받고자 하는 이들을 위한 코스
● 전문반 : 전공자 및 프로를 위한 단기 코스
● 입시반 : 최고의 합격률을 자랑하는 전문 교육

● *코디반 (1회-10회)*
꼭 필요한 것만 배우고 싶어하는 이들을 위한 타임 코스!
강사 및 교수, 또는 프로 활동을 하는 이들을 위한 맞춤 코스!

● *녹음 스튜디오*
낮은 비용으로 메이저급 음원을 제작하고 싶어하는 이들을 위한 공간!
녹음실 대여 및 편곡, 믹싱, 마스터링 작업 의뢰 가능!